远程教育教学模式改革与教学团队建设研究

严瑞芳 著

北京工业大学出版社

图书在版编目（CIP）数据

远程教育教学模式改革与教学团队建设研究 / 严瑞芳著. — 北京 : 北京工业大学出版社, 2022.1
ISBN 978-7-5639-8241-7

Ⅰ. ①远… Ⅱ. ①严… Ⅲ. ①远程教育—教学模式—研究—中国②远程教育—师资队伍建设—研究—中国
Ⅳ. ①G729.2

中国版本图书馆 CIP 数据核字（2022）第 026904 号

远程教育教学模式改革与教学团队建设研究

YUANCHENG JIAOYU JIAOXUE MOSHI GAIGE YU JIAOXUE TUANDUI JIANSHE YANJIU

著　　者：严瑞芳
责任编辑：张　娇
封面设计：知更壹点
出版发行：北京工业大学出版社
（北京市朝阳区平乐园 100 号　邮编：100124）
010-67391722（传真）　bgdcbs@sina.com
经销单位：全国各地新华书店
承印单位：三河市腾飞印务有限公司
开　　本：710 毫米 ×1000 毫米　1/16
印　　张：10
字　　数：200 千字
版　　次：2023 年 4 月第 1 版
印　　次：2023 年 4 月第 1 次印刷
标准书号：ISBN 978-7-5639-8241-7
定　　价：60.00 元

作者简介

严瑞芳，湖南开放大学副教授，研究方向：远程教育教学管理。任教以来，在核心及省级以上刊物发表论文十余篇，主持和参与多项省级课题研究，作为副主编编写的《个人理财》教材已由湖南人民出版社出版发行。

前　言

现代远程教育因其教育对象、教育手段、教育方式以及教育环境的特殊性，其教学模式的构建呈现出多样化、渐进式等特征。搞好远程教育教学模式改革，不仅要处理好教的模式与学的模式、教学模式与管理模式、教育技术与学习技术之间的关系，还要建设优秀的教学团队。基于此，本书对远程教育教学模式改革与教学团队建设展开了系统研究。

全书共七章。第一章为绪论，主要阐述了远程教育概述、现代远程教育与传统教育的主要区别、国内外现代远程教育的发展现状、现代远程教育的发展方向与趋势等内容；第二章为远程教育教学模式构建的理论基础与原则，主要阐述了教学模式的概念与内涵、现代远程教育教学模式构建的理论基础、现代远程教育教学模式构建应遵循的原则等内容；第三章为国外典型的远程教育教学模式，主要阐述了美国西部州长大学的教学模式、英国开放大学的教学模式等内容；第四章为我国现代远程教育教学模式的现状，主要阐述了现代远程教育教学模式的主要类型、现代远程教育教学模式、现代远程教育教学模式存在的主要问题等内容；第五章为基于网络的现代远程教育教学模式改革，主要阐述了网络环境下远程教育的教学模式创新和网络环境下远程教育教学模式的实施等内容；第六章为现代远程教育教学模式的评价，主要阐述了远程教育教学模式评价的意义、远程教育教学模式的评价程序和功能、远程教育教学评价的原则与分类等内容；第七章为远程教育教学团队建设，主要阐述了远程教育教学团队的基本特征、远程教育教学团队的基本构成、远程教育教学团队的功能等内容。

为了确保研究内容的丰富性，笔者在写作过程中参考了大量理论与研究文献，在此向涉及的专家学者表示衷心的感谢。

限于笔者水平，加之时间仓促，本书难免存在一些不足，在此，恳请读者朋友批评指正！

目　录

第一章　绪　论

随着信息化社会的到来，终身教育理念日渐深入人心，我国也开始打造学习型社会，因此远程教育教学的发展必然会越来越迅速。本章分为远程教育概述、现代远程教育与传统教育的主要区别、国内外现代远程教育的发展现状、现代远程教育的发展方向与趋势四部分。主要内容包括远程教育的起源、远程教育的内涵、远程教育的特点、远程教育的基本理论、开展远程教育的现实意义等方面。

第一节　远程教育概述

一、远程教育的起源

教和学的行为在时空上分离是远程教育这一概念特有的本质属性，已经在学术界和实践工作者中达成了共识，也是研究远程教育起源的立论依据。但是，在众多著作和研究中，往往忽略了这一立论依据，因而对远程教育的起源产生了不同的认识和诠释。

（一）远程教育产生于人类社会形成之时

远程教育“产生于人类社会形成之时”。持这种观点的张亚斌认为，工业化以前“人类远距离教育的足迹比比皆是，只不过那时的远距离教育活动是一些教育个体自发地、零散地进行远距离个体教育活动罢了”，而工业化时的远程教育只是因为其是“人类历史上有组织、有计划、大规模地进行远距离集体教育这一历史事实”产生的开端，因而才被人们错误地认为是远程教育产生的源头。正因于此，在其发表的论文《远距离教育的文化变迁及其对人类教育所产生的社会影响》中，他不仅论证了这个观点，而且分析了人类历史上各个历史时期远程教育的文化范型、教学情境、课堂本质、媒体特色和社会影响，他的这种观点曾引起我国部分远程教育学者的争论。

（二）远程教育产生于人类社会形成之初

人类社会形成之初的远程教育是一种“远程教育现象”。持这种观点的谢新观认为，人类社会的远程教育“产生于人类社会形成之初”，当人们的交流工具从口、耳发展到图画，再到早期的象形文字时，实际上它们已经成为一种语言的符号，脱离了人脑的直接记忆，变得可识、可读、可保留了。从此，人类的教育活动便冲破了面对面的口耳相传的藩篱，得以跨越时空的界限，从而为教和学的行为在时空上相对分离提供了前提，此时远程教育现象已经出现了。“有了人类，就有了教育，原始社会里就产生了远程教育现象。”他的这一观点引起了学术界的广泛关注。

（三）远程教育产生于工业化社会

持这种观点的学者认为，远程教育起源于 19 世纪。“150 年以前，为适应工业化社会对知识的迫切要求，英国伦敦大学冲破宗教和传统教育的束缚，在世界上率先创办校外教育。此时，一种新的教育形式就诞生了。”持这种观点的学者主要是根据彼德斯（Peters）等人的理论引述的。彼德斯认为，远程教育是工业化的产物，具有工业化的特征，工业化的理论是远程教育组织管理的模型。没有产业革命、没有现代科学技术的进步，就不会有远程教育。这种观点也是现在学术界认识的主流。

二、远程教育的内涵

（一）教育与远程教育

教育作为一种人类社会特有的现象，自人类社会出现以来就已经存在。在教育的过程中，人们总是不断尝试使用各种技术来改进自己的教学，从最早的沙盘、岩画开始，教学技术就在不断发展。到了殷商时期，甲骨文的出现促使教育产生了一次新的变革。

到了隋朝，印刷技术的发明使得知识可以大量复制，这显著促进了教学规模的扩大和知识传播速度的提高。这是一次真正由技术引起的教育变革。自此，由技术进步引起的教育变革便一发不可收拾，并对随后出现的文学作品、唐代佛学著作的传播均起到了促进作用。之后，宋代活字印刷术的出现，更是将这种技术进步促进的教育变革引领上一个新的台阶。在教育领域，像《学记》这样的教育学专著的广泛传播以及自宋代以后《三字经》这样的蒙学著作的流传，都得益于印刷技术的发展。

现代科学技术的出现及其在教育教学中的应用，促进了现代教育技术的产生和发展。这些科学技术主要集中在信息传播的媒体技术方面。例如，17 世纪发明出来的幻灯机，到 19 世纪末期，已经在教育教学中得到广泛应用；而无声电影技术的出现，使得屏幕上呈现出来的不仅仅是静态的画面，还直接促进了“视觉教育”这种新的教育形式的出现。

然而，极大地促进远程教育产生和发展的则是无线电广播技术。利用无线电广播技术，人们能够将语音信号传播到很远的地方。随着 1920 年 11 月 2 日美国西屋电气公司无线电广播电台的成立，人类进入了一个全新的远距离传播信息的时代。从此，所有的信息，包括教育信息等，都能够突破时空的限制，传播到遥远的地方。

20 世纪 40 年代第二次世界大战爆发以后，国家之间的相互竞争变得日益激烈。以美国为首的发达国家，开始注重如何利用技术来提高全民的军事素质。这时无线电广播和有声电影技术被大量地应用到战争宣传和新入伍士兵的培训过程中，并产生了积极的效应，不仅成为远程信息传播技术能够扩大教育规模的重要证据，也为 20 世纪 60 年代以后远程教育的迅速发展奠定了坚实的基础。

到了 20 世纪 60 年代，这个时候尽管出现了广播电视等技术，但是另一种传统的行业反而引起了人们的重视，这就是邮政系统。人们发现，利用邮政系统可以将各种学习材料邮寄给学生，让学生在家里自主学习，同时学生也可以将自己的作业通过这种方式邮寄给教师。这种方式虽然效率相对比较低，但解决了很多成年人由于工作繁忙，无法进入学校学习的问题。特别是美国等国家面临着的“二战”退伍老兵的培训问题，这种方式是最理想也是最有效的解决办法，由此 17 世纪就已经产生的函授教育得以复兴。函授教育的复兴及其所取得的各种成绩，使得人们开始对远程教育这种师生分离的教育教学方式进行探索。

到 20 世纪 70 年代，英国出现了开放大学这种新的办学方式。与此同时形成的开放教育理论，成为现在远程教育最重要的基础理论，标志着系统的远程教育理论体系的建立。早期的英国开放大学主要还是使用函授等方式，包括将实验箱等笨重的设备打包邮寄给学生。

到 20 世纪 80 年代，电视及远程视频会议等方式则在远程教育过程中扮演了更重要的角色，并成为很多国家开展远程教育活动的主要信息传播技术。

目前，远程教育开始大量依赖网络技术来传播教学信息，并在此基础上形成了全新的网络教育理论体系。

（二）远程教育近似概念辨析

1. 远程教育和远距离教育

这是两个完全相同的概念。这两个名词都是从同一个英文术语“Distance Education”翻译过来的。不过在国内的远程教育领域，“远距离教育”一词是早期的表达方法。近年来，人们已习惯使用“远程教育”这一名词。

2. 远程教育和现代远程教育

通常为了与旧的远程教育方式，如函授教育、广播电视教育等相区别，有时候我们也用现代远程教育来表示使用了网络技术的远程教育方式。为了获得更简洁的表达方式，现在一般用“网络教育”一词来表示现代远程教育。

3. 远程教育与开放教育

开放教育是远程教育发展过程中的一个阶段，主要以英国开放大学的建立为起始标志。开放教育包括开放教育的理论和实践。开放教育的理论反映了 20 世纪 70 年代以来所形成的一种新的教育理念，强调了教育的开放性，打破了传统学校围墙的限制。开放教育的实践则包括了英国的开放大学、中国的中央广播电视大学等形式。从概念覆盖的范围来看，开放教育是远程教育所包含的一个子概念。

4. 远程教育与继续教育

继续教育通常指的是成人教育，是学校教育的延续。继续教育秉承了开放教育的理念，有些也采用远程教育的方式来进行，但继续教育涉及的范围又比远程教育要广泛。目前，国内一些大学设立的继续教育学院主要还是以业余时间面授为主，也包含少量的全日制专业。

另外，继续教育还可以采用远程教育的方式来进行，这得益于远程教育能够有效突破时间和空间的限制，在学生认为合适的时间和地点进行学习。

（三）国外几个具有代表性的定义

早在 1967 年就有学者提出了远程教育的定义，之后很多远程教育学者基于各自的远程教育实践及其对实践的反思，对远程教育进行了不尽相同的解释。

1980 年，德斯蒙德·基更（Desmond Keegan）通过分析和归纳多个定义中对远程教育主要特征的描述后提出了他对远程教育的定义，该定义吸收、归纳了六个远程教育的基本特征。这六个特征分别为：① 教师和学生分离；② 教育组织的影响；③ 应用技术媒体；④ 双向通信机制；⑤ 可能有面授交流的机会；⑥ 教育的工业化形态。

但是，该定义提出之后，一些评论家对工业化的概念是否适用于所有的远程教育系统提出了质疑，特别是对那些规模较小的函授学校和双重模式的学校来说，工业化模式并不适用。因此，1983 年基更对上述定义进行了修改，尽管保留了工业化作为对远程教育概念的补充，却将其排除在定义之外。1986 年基更重新整理的定义如下：

① 教师和学生在教与学的全过程中处于相对分离的状态（以此区别于传统面授教育）。

② 教育组织通过规划和准备学习材料以及向学生提供服务对学生的学习产生影响。

③ 通过应用各类技术媒体——印刷媒体、视听媒体和计算机媒体，将教师和学生联系起来，并以此为课程内容的载体。

④ 提供双向通信并鼓励学生进行交流和对话，使其从中受益（以此与教育技术的其他应用相区别）。

⑤ 在整个学习过程中，准允永久性地不设学习集体，人们通常不在集体中而是作为个人在自学，有时为了达到教学的目的或满足社会性需要，有可能召开必要的会议。

在众多定义当中，基更的定义得到了世界范围的公认。学界对基更上述定义的唯一异议是，第五个特征的前半部分已经不再适用，因为如今基于各类通信技术，同步的和异步的专题讨论已经成为可能，前者主要应用电子远程会议系统，而后者主要是通过计算机会议系统来实现。

（四）国内定义和基更定义的比较

① 教师和学生在时空上的相对分离（这是远程教育，也是远程教学和远程学习的首要本质属性，并以此与面授教学为本质属性的传统教育相区别）。

② 建立在对各种教育技术和媒体资源的开发和应用的基础上（这是远程教育，也是远程教学和远程学习得以发生的必要条件）。

③ 由各类学校或其他社会机构组织实施（这是学校远程教育，即机构远程教育或狭义远程教育的限定条件，并以此与社会生活情境中的广义远程教育相区别）。

④ 学生自学为主、教师助学为辅，教师和学生通过双向通信实现教与学的行为联系、交互和整合（这是学校远程教育，也即机构远程教育或狭义远程教育的首要本质属性，并以此与个人独立自主学习相区别）。

与基更关于远程教育特征的描述相比，可知国内的定义也是对学校远程教育特征的界定，这两个定义都将教师和学生在时空上的相对分离作为远程教育区别于传统教育的首要属性。而其他的属性都是围绕这一属性展开的，即为了整合教与学的行为需要采用技术媒体，提供双向通信和组织管理，以及教的行为与学的行为的分离使得较为灵活的自学成为远程教育主要的学习形式。考虑到基更定义的局限性，本书采用丁兴富对远程教育的定义，这个定义排除了学生与学生群体在学习过程中处于相对分离的状态这个特征，而将学生自学为主，教师助学为辅作为远程教育的特征之一。

三、远程教育的特点

（一）开放性

现代远程教育充分利用现代网络信息技术进行教学，突破了空间和时间的限制，使学生被动、封闭的学习方式转变为开放式的学习。主要表现在以下几点。

① 学习的时间、地点及学习方式开放——学生可在任意时间、地点，通过网络自主学习，也可通过点播课程、答疑电话、电子信箱等多种媒体进行学习。

② 受众对象开放——学习对象不受学历、职业、性别、年龄的限制，均拥有平等的学习机会。

③ 教学资源开放——教学资源实现共享，可随时下载、保存和远距离传播，学生可根据个人的需要选择课程内容进行学习。

任何人可在任何时间、任何地点，从任何章节开始学习任何课程，这种便捷灵活的“五个任何”，充分满足了现代教育和终身教育的基本要求；满足了受教育者个性化的要求，给受教育者以更大的自主权，受教育者可以根据自己选择的方式去学习。有了现代信息技术的支持，教育活动得到了极大的延伸和扩展。教学活动既可以同步进行，也可以异步进行，既可以实时进行，也可以非实时进行，彻底打破了传统教育的单一模式。

（二）远程性

传统的教育形式是教师在课堂上面对面地向学生传授知识，而现代远程教育的教学行为和学习行为是分离的，教师与学生在整个教学过程中处于准永久性分离状态，他们之间借助各种技术媒体来传递知识和信息。现代远程教育的这一特征决定了教育可以摆脱时间、空间上的束缚，从校园走向社会，使更多的人都能有机会享受到高等教育。

（三）拓展性

与传统的学校教育相比，远程教育具有覆盖面广的特点。传统的学校教育将学习者的学习活动局限在校园之内，将教育资源集中化。而远程教育恰恰相反，它不受地域所限，将教育信息和教育资源通过技术手段传送给任意地方的学习者，使社会的教育资源公平化，为建设终生教育社会打下了坚实的基础。

（四）自主性

网络能为学生提供丰富多彩、图文并茂、形声兼备的学习资源，学生从网络中获得的学习资源不仅数量大，而且还是多视野、多层次、多形态的。与传统教学中以教师或几本教材和参考书为仅有的信息源相比，学生有了很大的选择空间，选择的自由是学生自主学习的前提和关键。

在网络环境下，学生可以不再被那仅有的信息源（教师或教材）牵着走，他们可以从网络广泛的信息源中选择他们所需的学习材料；学生有可能按照他们各自的实际情况来设计和安排学习，从而成为学习的主体。

（五）灵活性

现代远程教育的灵活性主要体现在以下几个方面。第一，能够根据社会需求进行办学。远程教育可以根据社会的不同需求，适时修订教学计划，灵活进行专业设置和课程设置，开放新的专业，进行各种层次的学历教育和非学历教育，满足人们不同的学习需要。第二，能满足学习者的个性化要求，给学习者自主学习的权利。学习者可以根据自己的需要制订学习计划，确定学习内容，不受学习时间、空间的限制，使学习具有自主性，适应学习社会化的要求。第三，现代远程教育的传播形式多种多样，教学不受时间和空间的限制，能够为学习者提供各种优质的教育资源。

（六）交互性

良好的交互性是现代远程教育的一个鲜明特点。现代远程教育以计算机网络为主要的传播媒体，教师通过计算机网络向学生传达各种各样的教学信息，充分发挥视频流媒体的优势。学生可以通过论坛、留言板、电子邮件，也可以通过实时交互的方式向教师提出学习上遇到的问题，并得到来自教师的反馈。学生与教师、学生与学生之间通过网络进行全方位的交流，不仅拉近了师生距离，增加了师生交流机会，还能够通过计算机对教学全过程进行记录、跟踪、统计、归纳和总结，及时发现教学中遇到的问题。同时，学生自主地进行学习活动，根据自己的情况安排学习，通过交流、商议和集体参与等方式实现合作学习。

（七）中介性

远程教育的中介性主要指其技术手段。远程教育中的“远程”使教育必须依靠媒体技术和信息技术手段传播教育信息资源，必须借助信息工具才能完成教育活动。许多教育环节必须借助技术平台完成，对技术的依赖使远程教育必须以技术手段为媒介。

（八）先进性

先进性是现代远程教育得以发展的根本保证。远程教育发展的效果在很大程度上取决于信息技术、教育手段的先进性和稳定性。

在传统的高等教育中，教育信息是通过师生面对面的方式传递的，先进的媒体技术虽然也被应用在教学过程中，但它只是教学信息传递的辅助手段，不是信息传递的主要途径。而在现代远程教育中，教师和学生处于分离状态，教学信息的传递是通过各种技术媒体来实现的。多媒体技术的进步极大地改变了教育信息的传输方式，扩大了传输范围，提高了传输质量。教师和学生、学生与学生之间可以通过先进的网络技术进行全方位的交流。

（九）管理性

虽然现代远程教育具有开放性、拓展性和灵活性等特点，但它仍然是一种具有管理性的教育活动。远程教育以独特的方式和制度调控教育活动的运行，但它所具有的开放性、拓展性和灵活性，并不等同于随意性和盲目性。

（十）个性化

传统教学在很大程度上束缚了学生的创造力，其各种教学活动都是把学生置于共同的影响之下，让他们读相同的教材，听相同的课程，参考相同的资料。教学的各种措施都是在同化人的个性，习惯于用统一的内容和固定的方式来培养同一规格的人才，学生的个性得不到充分发展，学生的学习需求也不可能完全获得满足，教师只能根据大多数学生的需要进行教学，即使是进行个别教学，也只能在有限的程度上为个别学生提供帮助。网络教学可以进行异步的交流与学习，学生可以根据教师的安排和自己的实际情况进行学习，有利于克服传统教学中的“一刀切”的人为现象。学生和教师之间通过网络交流，学生在学习过程中能及时了解自己的进步与不足，及时地按要求调整学习，学生利用网络可在任何时间进行学习或参加讨论并获得在线帮助，从而实现真正的个别化教学。

此外，网络中有大量的个性化教育资源，如教育专家个人网页、专题新闻、专业学术组织的网页、专业化的电子杂志等，这些网上资源为学生的个性化学习提供了前所未有的选择空间。

（十一）终身化

在知识经济时代，从幼年到老年接受终身教育是时代发展的一个必然趋势。远程教育具有灵活性、开放性的特点，提供了多层次、多规格、多形式、多功能的开放办学格局，可满足不同社会成员不同层次和不同方式的教育需求。学生处于主动地位，他们可以根据自己的实际情况安排自身的工作和学习。可见，现代远程教育是实现终身教育的一种良好的教育模式。

四、远程教育的基本理论

（一）宏观理论

远程教育的宏观理论是指那些反映远程教育与其所处社会环境相互关系的

某些规律性认识的各种特定理论。这里主要介绍远程教育发展动力基础理论、远程教育工业化理论、三代信息技术和三代远程教育的理论以及远程教育三种模式和三大学派的理论等方面的探索及其部分成果。

1. 远程教育发展动力基础理论

在世界范围内，远程教育已有近一个半世纪的历史。关于远程教育发展动力基础理论的探讨，有丁兴富先生的“三原理”“四原理”和“五原理”之说。“三原理”说的内容：“二战”后各国科学技术和社会经济的迅猛发展对人才的需求是远程高等教育发展的历史动力；“二战”后教育思想的演变和革新是远程高等教育发展的思想理论基础；“二战”后以信息技术为核心的现代教育技术的长足进步是远程高等教育发展的物质技术基础。同时指出，远程教育的新崛起是 21 世纪国际教育领域里的一场划时代的革命（1987—1988 年）。“四原理”说新增的内容：“二战”后教育经济学的发展和各国政府对智力投资的重视是远程高等教育发展的政治决策基础。“五原理”说增补指出了远程教育发展的当代教育科学和心理科学基础（1997 年）。

2. 远程教育工业化理论

远程教育的工业化理论是彼得斯在 1967 年首次提出的，彼得斯理论的核心是将远程教育比作教育的工业化和技术化形态，而将传统的、面授的和集体的教育归结为教育的前工业化形态。远程教育则是工业化社会的产物，没有产业革命，没有现代科学技术的进步，没有现代邮政、交通、电子通信和广播电视等工业化社会的技术成果，就不会有远程教育的出现和发展。彼得斯指出，构成传统教育教学过程中基础的人际交流，在远程教育中被建立在技术和工业化基础上的非人际的、机械的和电子的通信所取代。也就是说，远程教育以教学过程的高度技术化为基本特征，远程教学主要依靠技术媒介来实现，而传统教学主要是以面授和集体为基础。

彼得斯的远程教育理论进一步指出，适合分析这种新的工业化教育形态的理论模型是工业化大生产的理论。他把用于分析工业生产过程的那些概念、方法和技巧用来分析远程教育，比如分工和流水生产线、功能变换和专业化、集中和垄断的趋向等。

3. 三代信息技术和三代远程教育的理论

远程教育的发生和发展始终都与信息技术、教育技术的发展紧密联系在一起，并形成了一系列的历史发展阶段。20 世纪 70 年代以来，函授教育和利用广播电视、录音录像等大众媒介开展的多种媒体教学（以各国开放大学为主要代表）是普遍公认的远程教育历史发展的两个阶段。自 80 年代中期以来，一些学者开始提出信息技术和远程教育代的理论，其中广为传播并被普遍接受的是加拿大的伽里森（Garrison）、丹麦的尼珀（Nipper）和英国的贝茨（Bates）等人提出的三代信息技术和三代远程教育的理论。

伽利森 1985 年在澳大利亚国际远程教育杂志上发表了题为“远距离教育中的三代技术革新”的论文。他指出，远程教育的发展可以归结为与三代技术革新——函授、电子通信和计算机相适应。技术革新和相应的远程教育发展模式的转变可以用相互作用和相对独立这两个概念来分析。这些概念反过来又为媒体及相应的远程教育发展模式的分类学提供基础。这些结构和分类学可以帮助远程教育工作者更好地理解远程教育的基本特征和选择发送媒体。

1989 年，丹麦学者尼珀在他的论文“第三代远程学习和计算机会议”中又一次发展了三代远程教育的概念。他指出，第一、第二和第三代远程学习是指远程教育的三种模式，它们与通信技术开发和传播的历史发展相连接。第一代远程学习即函授教学，其主要媒体是书写和印刷材料。第二代远程学习是 20 世纪 60 年代起发展起来的多种媒体教学，它将印刷媒体的应用与广播电视、录音录像技术及计算机结合起来。第三代远程学习引进电子通信技术，使远程学习成为一种社会交流过程。从通信技术的观点看，第一、第二代远程教育属于从教师到学生的单向通信和有限的双向通信。第三代远程教育则是师生之间以及学生之间的相互作用和双向通信。

尼珀的概念在贝茨 1991 年的论文“第三代远程教育和技术的挑战”中得到了进一步的阐述和发展。贝茨着重指出了第三代信息技术和远程教育与前两代在成本结构上的经济学差异，及其对发达国家尤其是发展中国家的特殊意义。经过贝茨的论述，三代信息技术及其相应的三代远程教育的理论取得了广泛的认可。许多学者都表明了对该理论的支持，并继续探讨这一理论与各国高等教育发展的关系。这些理论学说既有基本的共识，也有各自的特点。有的注重研究第三代信息技术和远程教育与第一、第二代的关系，有的则专注探讨第三代信息技术和远程教育本身的形态和特征。还有的学者对第三代信息技术和远程教育进行进一步的分析和归类，甚至提出了第四代、第五代信息技术和远程教育的划分。

4. 远程教育三种模式和三大学派的理论

远程教育三种模式和三大学派的理论是关于远程教育的一种分类学理论，即在国家层次上，将世界远程教育抽象概括为三种实践模式；而在学术思想倾向上，将远程教育理论抽象概括为三大学派，进而揭示远程教育三种实践模式和三大理论学派的关系。这一理论是由丁兴富先生在其博士论文《中澳远程高等教育系统的比较研究》中首次提出的。

（1）远程教育的三种实践模式

远程教育的实践模式包括三种：英国等国的开放大学模式，美国、俄罗斯和澳大利亚的双重院校模式，中国、法国和加拿大的多重系统模式。

① 英国等国的开放大学模式。开放大学模式（简称单一院校模式）是指以英国为代表的主要由开放大学这类单一模式的院校来实施远程高等教育。应用此模式的国家有很多，欧洲除英国外还有西班牙和荷兰，亚洲有印度、印度尼西亚、泰国、马来西亚、巴基斯坦、斯里兰卡等英联邦国家以及伊朗、土耳其和韩国等，还有拉丁美洲的哥斯达黎加和委内瑞拉等国。在这些国家，传统高等学校主要进行校园面授教育，成人业余高等教育则主要由国家专门建立的远程教学大学（通常取名开放大学）来开展。这类单一模式的远程教学大学大多开展大规模的开放与远程教育。单一模式的开放大学大多应用多种教育技术和教学媒体来进行远程教学，学生通常是以家庭为学习基地进行个别化学习。

② 美国、俄罗斯和澳大利亚的双重院校模式。美国、俄罗斯和澳大利亚的双重院校模式（简称双重院校模式）既有共性，又有个性。在这类国家，一般没有专门建立的开放大学或远程教学大学（即使有，也为数不多且不占主导地位）。开放与远程教育主要由传统高等学校承担。这类传统院校既进行校园面授教育，又开展开放与远程教育，因而称为双重院校模式。

③ 中国、法国和加拿大的多重系统模式。中国、法国和加拿大的多重系统模式（简称多重系统模式）是指在同一个国家中并行存在多种模式的开放与远程教育系统，既有独立设置、专门开展远程教育的院校，又有举办开放与远程教育的传统院校。

（2）远程教育的三大理论学派

远程教育实践模式上的差异反映在理论概括上，就有了不同的理论学派。远程教育的三大理论学派是革命学派、趋同学派和谱系学派。

① 教育方式或教育形态变革的革命学派（并行学派）。革命学派认为远程教育是教育史上的一场革命，其代表人物是美国的魏德曼（Wedemeyer）、彼得斯、霍姆伯格（Holmberg）和基更等。他们认为电子信息技术的发展和进步500年来第一次引起了教育形态的大变革。教和学、教师和学生在时空上的分离第一次成为现实。这一学派认为，随着教育技术和教学媒体的开发和应用，

通过精心设计制作多种媒体的课程材料和组织各种类型的学生学习支持服务，可以为数量巨大的、分散的、各种类型的学生提供远程教育的机会。他们强调开放与远程教育的特性，即与传统面授教育不同的地方。由于师生的分离，远程教育有特定的本质。所以，教学系统设计、多种媒体教材设计和教学信息的双向通信设计都必须有自己的特点，只有这样，才能实现开放与远程教育的教学目标。这一学派的代表人物认为，虽然远程教育还有许多优势和潜力没有发挥出来，但他们坚信，虽然远程教育最终将取得和传统教育平等的地位。革命学派可以看作英国开放大学模式在理论上的概括和升华。

② 教育方式或教育形态一体化的趋同学派（并合学派）。趋同学派（并合学派）认为远程教育和传统教育正在趋同，即由对立走向并合。其代表人物有澳大利亚的史密斯（Smith）、堪倍奥，瑞典的威伦和英国的泰特（Tait）等。他们认为，开放与远程教育、传统面授教育这两种形式正在日益趋同，正在相互接近、相互结合，界限越来越模糊。传统教育院校也开始更多地采用各种教育技术、教学媒体。传统教学也日益强调学生自学，重视从“以教师为中心”到“以学生为中心”的转变。越来越多的传统院校开始举办和发展远程教育，从而使自己变成双重模式院校。开放与远程教育和传统教育的本质是相同的。趋同学派可以看作澳大利亚和美国的双重院校模式在理论上的概括和升华。

③ 教育方式或教育形态连续递变的谱系学派（折中学派）。谱系学派认为上述两种学派都太极端，应当折中，进而提出了各种连续变化的教育家族谱系。其代表人物有美国的穆尔（Moore），英国的西沃特（Sewart）、鲁姆勃尔（Rumble）、刘易斯（Lewis）和加拿大的慕格里奇（Mugridge）等。他们认为纯粹的传统校园面授教育和理想的开放与远程教育是两种理想化的抽象模式，位于两个极端。而世界上现实的大学，无论是传统大学还是远程教学大学，都是介于两者之间的某种过渡模式。这一学派的代表提出了从完全开放到完全封闭，从纯粹连续面授到纯粹远程教学等多种教育形态方式渐次递变的连续谱系。谱系学派可以看作革命学派和趋同学派的一种折中，它试图以统一的观点和方法对开放与远程教育的各种实践模式从理论上进行概括和总结。

（二）微观理论

远程教育的微观理论揭示了在远程教育系统中教和学的本质属性和规律，即在与传统面授教学的联系和对比中，揭示远程教学和远程学习的特殊本质和特定规律。在此将远程教育微观理论的主要内容概括为：远程教与学的三种基本相互作用的理论、远程教学两大功能要素的理论、以学生为中心的远程学习理论。这些理论的相互关系及其在远程教育微观理论中的地位可以这样理解：远程教与学的三种基本相互作用的理论是基础，远程教学两大功能要素的理论是主体，以学生为中心的远程学习理论是核心。

1. 远程教与学的三种基本相互作用的理论

美国宾州大学成人教育学院教授、《美国远程教育杂志》主编迈尔克·穆尔（Michael Moore）在1989年提出了远程教与学的三种基本相互作用的理论。基更认为这一理论的提出标志着远程教育理论基础的日臻成熟。在传统教育中，教学过程有三要素：教师、教材和学生。在远程教育中，教学过程三要素可以改造为教师、资源和学生。穆尔提出的远程教与学的三种基本相互作用是指学生与教育资源（课程学习材料）、学科教学内容的相互作用；学生与教师的相互作用；学生与学生的相互作用。第一种基本相互作用是学生和教师（或教育院校机构）设计、开发、发送的教育资源所呈现的教学内容的相互作用。而后两种基本相互作用则是人际交互作用，既可以是面对面的人际交流，也可以是通过其他建立在技术基础上的双向通信机制来实现的交互作用；既可以是个别化的一对一的人际交流，也可以是基于集体的交互作用。

（1）学生与教育资源、学科教学内容的相互作用

这主要是通过教师基于技术媒体设计、开发和发送的各类教育资源（其主体表现为课程材料）实现的。教师通过学科课程材料的设计、开发和发送引导来帮助学生与教学内容发生相互作用。用建构主义认知心理学的术语来说，就是通过与教学内容的相互作用，学习者构建他们自己的知识体系从而实现他们自身认知结构的改变。远程教学的主要目的之一就是通过精心设计、开发和发送课程材料的内容来指导和帮助学生们的这一认知建构过程进行得更顺利、更有效。

自古代和中世纪以来，课本曾经是教学内容的主要载体。在19世纪，家庭学习指导书的发明促进了印刷技术在教学领域的应用。这类学习指导书同课本一起发送给学习者，为他们提供课本内容的解释和学习方法的指导。在这个时期，学生同教师和同学的相互作用是极少的。学生用大量时间学习课程印刷材料，和学习材料中呈现的学科教学内容发生相互作用。自20世纪以来，学习者与教学内容的相互作用渠道大大扩充了——通过广播电视大众媒介、录音录像电子视听媒体、计算机软件以及计算机网络来实现。

（2）学生与教师的相互作用

大多数学生和教师都认为师生交互作用是教学过程最根本的属性，并给予高度的期望，这在远程教育中依然如此。在教学内容发送之后，无论这些内容是知识信息、技能演示，还是一定的态度和价值的模式表现，教师们都要帮助学生与这些教学内容进行有效的相互作用。为了保持学生对教学内容学习的兴趣及其学习动力，教师要组织学生们应用学习到的内容，通过实践去掌握已演示过的技能，去应用已经学习过的知识、原理和理论。教师要组织各种类型的教学测试和评价，以便确定学生学习取得的进步并帮助学生改进学习方法。另外，教师应对每个学生提供咨询、指导和帮助。当然，这种帮助的程度和性质可能会很不相同，因为这取决于学生的受教育水平，教师的教学方法、风格和个性，以及远程教育系统的环境和组织等因素。

在远程教育中，除了组织面授辅导外，学生与远程教师还可以通过函授、电话以及近年来发展起来的电子远程会议系统以及基于计算机的通信系统进行相互交流。学生在与所学习的包含各种媒体材料的课程内容发生相互作用时，如能得到一位拥有丰富经验的专业教师的具体指导和帮助，这对每个特定的学生将是最有效的。这种个别化教学是包括函授教学在内的远程教育公认的优势。例如，学生对教学内容有误解就需要指导和解释，有的需要详细解释，有的只需简短说明，有的还需要指定补充读物。教师的指导对学生应用新的知识有特殊的价值，这对独立自主学习的学生尤其重要。因为即使学生对课程材料中新的教学内容已经有了初步理解，要独立将它们应用到实际事例中去发现问题和解决问题，依然会困难重重。有了学生和教师的相互作用，有了教师的个别指导、辅导和帮助，学生的自主学习才会有效。

（3）学生与学生的相互作用

这种学生间的相互作用，可以发生在个别学生之间，也可以发生在学生集体之间，可以有也可以没有教师的组织和参加。即使如今已经具备了众多通信技术手段，课堂教学和小组讨论依然是学生间交互作用的主要组织形式。在涉及以“培养集体精神、探讨团体功能和协作关系等”为教学目标和教学内容的课程中，有必要组织学生取得集体相互作用的经验并将此作为一种学习方式。

在远程教育中，对学生间相互作用的注重程度是很不一样的，它在很大程度上取决于学生所处的环境以及他们的年龄、经验和自治的程度。许多年轻的学生可能希望有更多的交互机会来推动学习；而对许多成人和更成熟的学生来说，这类交互可能并不那么重要，他们有更多的自我激励机制。集体的环境对某些类型的课程内容的教学会很有用，特别是在学生们可以组成项目组并有机会向其他同学讲述课程内容时。一般而言，在帮助学生们深刻理解所学的课程内容并通过交流来检验各自的学习效果时，同学间的讨论就特别有价值。

2. 远程教学两大功能要素的理论

霍姆伯格最先比较系统地提出远程教学具有两大功能的思想。

霍姆伯格认为在远程教育系统中，远程教育院校和教师是通过发送事先准备好的课程材料和为学生提供学习支助服务两种方式进行远程教学的。所以，远程教育中教师的教学功能主要有两个：设计、开发和发送多种媒体的课程材料，以及在学生学习时通过各类双向通信机制实现师生交互作用，为学生提供学习支助服务。丁兴富先生首先将此概括上升为远程教学具有两大功能要素的理论，并一再强调课程资源开发与提供学习支助服务这两大功能要素在整个远程教育和远程教与学中的重要地位。

凯依（Kaye）和鲁姆勃尔（Rumble）关于远程学习两个运行子系统及其相互作用的分析。

英国学者凯依和鲁姆勃尔在对远程学习系统进行分析时，引进并论述了课程和学生两个运行子系统。他们首先指出，远程教育属于开放的社会系统，其主要的输入是入学的新生，主要的产出则是合格的毕业生。在开放系统中承担将输入的新生转化为产出的毕业生的功能的是远程教育的运行系统。凯依和鲁姆勃尔进一步将运行系统划分成课程和学生两个主要的子系统。

课程子系统的功能是负责课程的设置、开发和多种媒体课程材料的设计、制作和发送。而学生子系统的主要功能包括，对学生的教学全过程的组织和管理、教学咨询、学籍学业管理，以及为学生学习提供各类双向通信机制和支助服务。具体来说，包括为学生提供选课指导；布置和批改作业，组织函授和电话辅导，组织各类检测和考试；组织和管理各类应用电子信息和通信技术的教学活动，核定学分，颁发学位证书并保管好学生的档案；等等。其中，对学生学习的支助服务应该是学生子系统最重要的功能。

综上所述，凯依和鲁姆勃尔对课程和学生两个运行子系统的分析，是远程教学具有课程资源开发和提供学习支助服务两大功能要素的理论的另一种表述形式。

3. 以学生为中心的远程学习理论

国际远程教育和开放学习文献中普遍达成的一个共识是，远程教育应以学生为中心。以学生为中心不仅是开放学习这一重要的基本概念的核心内涵，而且是远程教育的教学理论和学习理论的核心内容。以学生为中心的对立面可以是以教师为中心、以课堂为中心、以院校为中心和以学科为中心等。

众所周知，以教师为中心、以课堂为中心、以院校为中心和以学科为中心正是传统院校面授教育的基本特征。远程教育作为一种革新的教育形态，具有比传统院校面授教育更大的开放性，其教学和学习以学生为中心，学习资源和学习环境具有更大的选择性、多样性、适应性和灵活性。以学生为中心首先应体现在远程教育的教学系统开发和多种媒体课程材料的设计、开发和发送上，同时要贯穿远程教育教学的全过程。以学生为中心要求教师和教育机构转变角色，时刻调查了解学生对象的不同特征，并将满足学生多样化和个性化的需要放在首位。教师不应以说教者、学科领域的绝对权威的面目出现，而应成为学生的朋友、学术和心理咨询顾问、指导者、辅导者、帮助者和不倦的服务提供者。学生对课程设置、课程选择和教学内容，对学习时间、地点和进度，对可供利用的教学媒体和学习资源，对教学组织形式和教学考查形式，对学习方法和学习策略等都应有更大的发言权和决策权。

（三）哲学理论

远程教育的哲学理论注重对远程教育及其核心——远程教学和远程学习的本质的特殊性及其合理性进行论证，即其中心课题是论证远程教育形态的本质及其合理性。在这种新的教育形态中，面对面交流的核心地位被抛弃了。而在以往，无论是西方文明还是东方文明，无论是 2000 多年前的柏拉图还是孔子，上述人际面对面交流一直被公认为是所有教育形态的必备要素和核心。然而，远程教育依据工业化和现代信息通信技术提供的可能性，用非人际的即机械的或电子的通信手段替代了原先的人际面对面交流。就是说，远程教育的哲学理论要论述以下主要论题：远程教育作为一种新兴教育形态的特殊性；远程教育这种独特的教育形态存在的合理性；以及远程教育的存在和发展对整个教育和教育学，对人类社会及其进步和演化的意义和价值等。远程教育的本质特征是教师和学生（即教学和学习行为）在时空上的分离。于是，学生和教师或学生和学习支助组织之间的通信就是非连续的。远程教育以此打破了校园教育的传统时空限制而展示出或多或少的开放性特征。这是远程教育的特性及其产生的独特意义和价值。但与此同时，也出现了对远程教育的核心——远程教学和远程学习得以存在和发展的合理性进行论证的要求。远程教育面临的主要挑战是通过非连续通信克服时空间隔，再度构建或再度综合教与学的过程。远程教育的哲学理论指出，上述挑战可以通过教和学两方面的努力来解决。

1. 远程教育学生自治和双向通信的理论

学生自治和双向通信的理论学说是远程教育理论体系中论述最多，也是对远程教育实践和决策影响最大的。对此有三种主要理论派别。第一种是注重和强调远程教育中学生自治的理论，认为理解和实施学生自治、自主学习、自我控制是开展远程教学和远程学习的灵魂；第二种是注重和强调远程教育中师生以及学生之间开展双向通信的理论，认为以双向通信为核心的对远程学生的学习支助服务，在远程教学和远程学习中具有重大的教育学和社会学意义；第三种则是注重和强调学生自治和双向通信应当均衡发展的理论，认为学生自治必须经历一系列发展阶段才能达到其终极目标，而正是以双向通信为核心的对学生学习的各类支助服务，帮助远程学生培养和发展了自治、自主学习和自我控制的能力。

2. 远程教育教与学重组的理论

远程教育教与学重组的理论是对远程教育本质进行的一种哲学论证。这一理论来自对远程教育许多学说的深思熟虑和综合加工，是一种更高层次的理论抽象。这一理论对教育的核心——教与学的本质、远程教育与传统教育的关系以及远程教育的特质做出了自己的哲学诠释。

（1）基更的远程教和学的再度综合的理论

基更曾在英国、德国和澳大利亚远程教育系统中工作过，现从事爱尔兰远程教育计划和项目的开发，曾任国际远程教育协会理论研究组组长。他在远程教育理论研究和学科建设上的长期耕耘，使他对远程教育的哲学论证做出了自己独特的贡献。基更在他 1986 年初版、1990 年再版的《远程教育基础》一书中，提出并发展了他的远程教和学的再度综合的理论。

基更论证说，远程教育是以学的行为和教的行为在时空上分离为特征的，因此，远程教育理论应对教—学行为的再度综合进行论证。他认为，对远程学生来说，教—学的重新整合必须通过人际交流来实现。基更指出，人际交流不只限于面授辅导，电话辅导和其他双向通信技术都能提供人际交流。基更还认为，印刷教学材料应具有人际交流的特征。

教—学过程是在教师和学生的交互作用中发生的，这在远程教育中必须人为地重新综合创造出来。远程教育系统跨越时空重新构建教—学相互作用，使学习材料同学习行为紧密结合是这个重建过程的核心。

在 1993 年，基更对他的教和学再度综合的理论做了一个总结：依据定义，远程教育的弱点在于学生的学习行为通常与教师的教学行为在时空上是分离的。这种情形的一种满意的解决方案是在远程学生和远程教师间通过双向通信实现教—学的重新综合并使利用学习材料进行学习成为可能。

印刷材料和非印刷材料都要有包含尽可能多的人际交流的特征。建议尽可能采用易读的书写风格，精心设计内容结构，并做好排版、图表和美工设计。在印刷教材、视听教材、录像和计算机教学包以及实验箱的设计中，应尽可能模拟课堂讲授和辅导以及实验室教学的交互作用。

当课程开通后，教学活动的重新综合要通过各种双向通信来实现：函授、电话辅导、计算机通信、电话会议、视频会议和计算机会议。

（2）亨利（Henry）和凯依的教学功能重组的理论

亨利和凯依在出版的法文著作《远程教育学问题》中提出了一个与基更理论类似的理论体系，这是加拿大法语地区远程教育工作者对理论创造的贡献。

亨利和凯依在分析远程教育时指出，为了改变时空间隔和学生的孤立状态有必要实现教育实践和方法的重大变革。这些变革给教育系统带来了完全的功能变换，将学习材料的设计、制作和发送变成中心，学生变成了利用学习材料和其他学习支助服务的自学者。这样的一种教育结构改变了传统教育以教师为中心、由教师来控制教学过程的模式。

亨利和凯依指出："在远程教育中教和学分解为发生在不同时间和不同地点的分离行为。"他们说，对远程教育的挑战就是重新产生教—学过程：远程教育面对的挑战并不是一般的教学关系，而是由于时空间隔而形成的特殊的教学关系。真正的挑战在于这样一个事实：远程教育既要克服时空间隔产生教—学关系，又要将教育情景设置在远离教师的学生日常的生活环境中，而且要在师生分离的状态下，在无法根据学生的需要做出修正的情况下，规划、开发和发送教学内容。

五、远程教育的目标定位

（一）手段性的应试型教育目标定位

在社会主义市场经济条件下，社会竞争日趋激烈，用人单位越来越看重文凭是一个不争的事实。因此，广大学员想通过远程教育拿到与普通高等教育具有同等法律效力的文凭也就成为一种社会现实。远程教育要想使学员顺利通过考试、拿到文凭，同时学到真正的知识，其关键是做好教学考试服务支持，对此应当发展和完善下列教学内容。

第一，远程教育大学既可以单独，也可以和实际教学点共同做好教材建设。首先，教材建设应当理论与实践相结合，其中实践（或实务）内容是重点。远程教育大学应当聘请、组织一批较知名的，同时在本领域具有较丰富实践经验的专家、学者开展教材建设。其次，应注意教材建设的“与时俱进”性，以适应理论与实践的变化。最后，教材应当难度适中，以适应远程教育的特点。当然，使用其他大专院校的好教材也是相当明智的。

第二，远程教育大学和实际教学点要共同进行传播媒体的建设。应该充分运用现代传播媒体，实现教育资源真正的共享，如中央广播电视大学充分运用了互联网、多媒体课件等传播媒体，同时与省级电大、市级电大、县级教学站等充分实现了教育资源共享，如师资人员的共享、课件的共享等。

第三，远程教育大学和实际教学点应完善教学服务过程。一是要做好学员与教学单位的沟通服务。因为远程教育学员大多是利用业余时间学习的，只有少部分时间会待在学校里，因此教学中缺乏沟通就成为常见的现象。远程教育大学和实际教学点要充分运用固定电话、移动电话、短信服务、电子信箱、BBS 等与学员进行及时的沟通。二是要做好上课的服务工作，要增加上课的生动性，千方百计增强学员的学习兴趣，使学员想上课。三是远程教育应当做好课后服务工作（主要由实际教学点完成）。实际教学点应当安排定时的和随时的课后答疑时间，或安排定时的网上答疑时间。

第四，做好考试服务工作。考试是检验教学质量的一个重要环节。一是考试题型要以应用型为基础，如多出案例题、判断题和选择题等题型，少出名词解释、填空题、简答题等概念题，因为案例题等注重检验学生的理解能力而不是死记硬背的能力。二是要做好监考服务工作，监考要做到公平公正。

第五，做好试卷批改和相关信息反馈工作。考试是检验学生学习效果的重要手段，因此，远程教学单位应当认真批改试卷，同时将考试情况及时反馈给学员，甚至可以把往年本专业的试题进行归纳后得出的有关信息传达给学生。虽然教育永远都离不开考试，但是应试仅仅是教育的手段而已，我们必然要通过它实现教育的真正目的。

简言之，应试型教育应能通过优良的教材服务、教学服务和考试服务等，使学员在顺利通过考试的同时学到本专业的应用型知识。

（二）最终性的应用型教育目标定位

近现代大学教育经历过应用型教育和研究型教育阶段，但现代远程教育的目标定位仍应是应用型研究。因为一方面学员的理论素质相对于普通高校学生来说要低一些，另一方面现代远程教育的教育对象大部分是在职人员，因此，他们的教育需求是学有所用，即所学能直接用于实际工作，能解决工作中的问题。另外，远程教育是远距离教育，是“批量化生产”，与普通高校的面授教育、个别化教育的区别是显而易见的。因此，在教学中应当发展和完善以下教学内容。

第一，实际教学点应针对每个专业培养几名有一定的理论高度，同时有丰富实践经验的教师。一般的大学对教师的专业理论修养都较重视，如限期拿到硕士学位，派教师出去进修等。但是，对教师的实践经验则不太重视，如教计算机编程的从来没有编过程序；教应用法学的从来没有打过一场官司；教建筑学的从来没有画过一张实用的图纸等。然而，远程教育的学员大多有一定的实践工作经验，他们往往是带着实际问题来到课堂的，如果教师回答不了他们的问题，学员就会感到失望。这点与普通高校的区别是显而易见的，因为普通高校学生的问题大多来源于书本。因此，远程教育大学和实际教学点在注重提升师资理论修养的同时应提升他们的实践能力。

第二，教师上课应理论联系实际，能深入浅出地讲授课本知识，能结合实际将重点的理论知识讲透。有些学校的理论教学是由远程教育大学和实际教学点共同完成的，如走在中国远程教育大学前沿的中央广播电视大学和各级广播电视大学就是这样。在这种教学模式下，实际教学点则更要注重与实践密切结合的理论知识的传授，因为其他系统的理论教学大多是由中央广播电视大学完成的。

总而言之，以脱离实际的理论教学为目标定位是浪费教育资源的，以高、精、尖的研究型教育服务为目标定位则是不切实际的。因此，中国现代远程教育的目标定位应当逐步从应试型教育服务向应用型教育服务转变。

六、开展远程教育的现实意义

（一）人口大国的高等教育需求

实施人才强国战略是党和国家的一项重大而紧迫的任务，它强调以能力建设为核心来加强人才的培训工作，只有把中国这样一个人口大国转化为人才资源强国，才能大大提高国家的核心竞争力和综合国力。抓好人才资源的能力建设，其核心是对人才的培养，面对如此大量的人才需求，单靠现有国民教育体系中的普通高等教育是远远不能满足需求的，必然要大力发展以网络为教学手段的网络及远程教育。

中国远程教育在互联网出现之后，便以迅猛的速度、巨大的规模实现了跨越式的发展。中国从农业社会进入工业社会之后，需要大量的各类型人才，对高等教育及非学历教育的需求之巨大，是当时的教育资源所不能满足的，同时大批适龄的求学青年被拒之于传统大学门外的现象，也是人们不能忍受的。即使已经开办了广播电视大学，仍然不能满足需求，网络与远程教育也就应形势所需而异军突起了。

国际上，一些先进国家已经出现了高等教育大众化的趋势，并向高等教育普及化的方向推进，这就更加刺激着适龄求学青年要求接受高等教育的需求。因此，国家在集中力量办好一大批普通高校的前提下，必然要扶持民办教育和以网络为传媒的远程教育，网络与远程教育便得到了迅猛的发展。

信息时代的到来又带来了知识体系的更新，传统的教育模式及原有的知识结构，已经远远跟不上知识更替的步伐。网络作为传播信息的天然载体，很成功地让人们能够及时获取瞬息万变的各种最新信息。

从工业社会过渡到信息社会的过程中，产业结构的中心已由第一产业、第二产业转移到第三产业，从而带来了结构性失业的事实。这些失业的劳动者为了获取再次就业的机会，必然要求有终身参加学习的机会。进入 21 世纪，构建终身教育体系，促进学习型社会的形成，已经刻不容缓。为了满足许多在职自学者、带薪学习者要求能在任何时间、任何地点、任何条件下都能获取相关的知识来提高自己的愿望，不得不开展网络与远程教育。

网络与远程教育的特点和优势有很多。网络与远程教育是一种适应社会需求的新型高等教育，能使众多的求学者共享有限的教育资源，由于网络与远程教育以网络为传播信息的载体，不受时间和空间的限制，并且信息传播便捷、快速，便于求学者在任何时间、任何地点、任何条件下进行学习，特别适合于自学。

进入了数字化的信息时代，网络与远程教育将为人们适应数字化社会打下牢固的基础。21 世纪是以经济为主体的信息社会，必然要在教育体系中纳入信息技术的教学内容，注重培养求学者的信息能力和素质。世界各国一致公认，培养国民的综合信息素质是提高综合国力不可缺少的因素。网络与远程教育还可推动高等教育走向国际化。有资料报道，不少国家都在利用网络与远程教育培养国际通用型人才，从而顺应经济转轨。网络与远程教育的迅速发展，不仅可以迎接 WTO 提出的打破垄断教育的挑战，还可以促进兴办更多的教育产业。

（二）建设学习型社会的需要

早在 20 世纪 70 年代初，联合国教科文组织就提出了“向学习化社会前进”的目标。美国、日本等发达国家在 20 世纪 80 年代就决定采用由学历社会向学习化社会过渡的策略。1991 年 4 月，美国政府就提出了教育发展的“四大战略”，其中第三项战略就是把美国变成“人人学习之国”，第四项战略就是“把社区变成大课堂”。当前，世界上许多国家已越来越重视创建学习型社区和学习型城市。建设学习型社会或社区有重大意义，主要体现在以下几个方面。

1. 有利于社会的稳定

社区是城市的细胞，是城市发展的标志，是社会稳定的基石。每一个人除了工作以外，大半生时间都是在社区度过的。社区的人文环境、自然环境、民风民情、文明程度，对每一个人都产生着极其重要的作用。学习型社区把政府、企业、家庭和机关团体有机地联合起来，通过组织健康而丰富多彩的活动，帮助社区成员建立共同愿景、进行团队学习、改善心智模式和进行更系统的思考，达到维护社会稳定和保证国民经济持续健康发展的目的。

2. 有利于提高社区成员的综合素质

学习型社会有以下四个特点：① 学习将成为一种生活方式，学校只是学习的一种场所，人的一生无法区分成“教育阶段”和“工作阶段”，强调“终身教育”；② 21 世纪将更加强调正规教育、非正规教育、非正式教育的协调统一，地位平等，以大教育观在全员中开展教育；③ 社会将根据个人需要，提供多渠道、多时空、多媒体的学习机会和方式；④ 在招聘过程中，用人单位将以学历证书为主转向以资格证书为主。远程教育是构建学习型社会的重要手段，将为提高全民族素质起到不可替代的作用。

现代远程教育的发展为我国教育改革带来了新的活力。在我国现代远程教育试点过程中，试点高等学校在办学理念、办学模式、教学管理模式、校外支持服务体系、促进高等教育信息化等方面都进行了开拓与创新。

第二节　现代远程教育与传统教育的主要区别

一、教学形式的不同

在传统的教学活动中，教师负责教，学生负责学，教学其实就是教师单向传授知识的活动。它表现为两个方面：一是以教为中心，学围绕教转，教师是课堂的主宰者，所谓教学就是教师向学生传授知识的活动。在这样的课堂上，“双向活动”变成了“单向活动”，教取代了学。二是以教为基础，先教后学，学生只能跟着教师学，像复读机似的复述教师所讲授的内容，使得教学活动由双边活动变成了单边活动。

总之，传统教学只是教与学两方面的简单叠加，现代远程教学则更多地体现了以学生为主体的教育思想。学生自主安排学习时间，通过网上答疑、网上论坛等教学手段实现教师与学生、学生与学生之间的人际交互和教学交互，加上各地远程教育中心提供的教学辅导和管理，每个参加远程教育的学生都能根据其个人的发展，有目的、有计划、有保障地进行自主学习，顺利地完成学业。

二、传播手段的不同

计算机网络具有强大的信息处理功能，它通过文字、声音、图表、视频、动画等各种多媒体形式来展现教学内容。教师把多媒体信息处理技术运用于远程教育教学的各个环节，使远程教育教学具有了信息量大、资料更新快、模拟生动等各种优点，这是传统教学粉笔加黑板的单一教学方式所无法比拟的。现代化的传播手段能够使学生在图文并茂、形声兼备的环境中进行学习。

三、教师角色的不同

与传统教学不同，在远程教育教学中教师的角色已经从知识的传授者转换为启发者、帮助者。因此，教师应该清楚地意识到这一点，从而对自己的教学思想和教学设计做出相应的调整。教师的主要任务是做好教学组织工作，如把课程主题、课程要求和课程内容等必要教学文件根据学习进度及时地发布到网上；在教学过程中通过课程论坛、留言板等多种交流渠道完成答疑、讨论；利用 E-mail 等获得学生的反馈信息，及时调整教学计划。

传统教学方式有面对面交流的丰富性、自发性和和谐性。所以，教师在进行远程教学时要考虑教学媒体的特殊本质，因为信息技术的应用会使其丧失传统教学的一些特性。因此，要不断改进和完善网络课程设计，引导学生理解和整合学习材料以外的事物，使得网络教学所使用的媒体成为促进学生学习的有效工具。

远程教学教师的角色是引导者、推动者、顾问和教练。教师必须适应把课堂教学转换到网络环境下的要求，同时教师还需要参加关于课程开发和远程授课的专门技术培训。在传统教学的面对面教学方式中，教师可以通过身体语言、面部表情以及其他方式与学生进行互动交流。而在现代远程教学中，教师则需要通过其他的技术渠道与学生完成交流活动，如通过 BBS 论坛实时或非实时地开展针对教学重难点的讨论等。

强调和发挥教师对学生“导”的作用。现代远程教育中教师对学生的指导、引导和监督非常重要。教师要指导学生分辨网络资源中哪些是有助于学习的内容，引导学生参加网上学习讨论活动，监督学生及时完成网上作业等，以促进学生之间的信息共享和知识交流。同时，教师在设计课程内容时还要充分考虑学生的学习背景和知识基础，定期及时地更新教学内容和资料。

四、学生学习效率的不同

与传统教学相比，学生在远程教学环境下表现出了更高的学习效率，因为学生不必受教师的教学进度的影响，可以根据自己的实际情况调整学习进度。

五、学生获取信息量的不同

学生在网络教学环境下学习，可以获取任何自己感兴趣的领域的知识，由于网络蕴含着无穷的知识和信息，而且更容易访问，这种知识、信息的丰富性和获取方式的便利性是传统教学不可比拟的。

六、学生学习效果与质量的不同

学生在知识蕴含量丰富、自己可以掌控学习进度的远程课程学习环境下可以取得较好的学习效果。当然，在这一学习过程中需要教师的正确引导，否则学生就会在浩瀚的学习资料中迷失方向，达不到事半功倍的学习效果。

第三节 国内外现代远程教育的发展现状

一、国内外远程教育的发展历程

远程教育的发生和发展始终都与信息技术、教育技术的发展紧密联系在一起。由于远程教育中教与学再度整合的多数活动都要借助于某种媒体，如手机、卫星电视、计算机等，因此，可以说媒体是目前划分远程教育发展阶段的主要依据。自 20 世纪 70 年代以来，远程教育的发展经历了三代：第一代函授教育为国家培养了很多人才；20 世纪 80 年代兴起了第二代广播电视教育，中央广播电视大学在世界上享有盛名；20 世纪 90 年代中期，产生了以信息和网络技术为基础的现代远程教育。

（一）函授教育

函授教育起源于 19 世纪 60 年代英国的大学推广运动。它是以邮递方式开展教学的，学生以自学函授教材为主，并由开办函授教育的学校予以辅导并进行考核。美国函授教育开始于 19 世纪末期，课程相关材料及练习资料由美国远程教育中心邮寄给学生。20 世纪 80 年代后各资本主义国家开始设立函授学校。

我国的函授教育起源于 20 世纪初。1902 年蔡元培等人在上海创办了中国教育会，该会创办初期以编写教科书为主，后来模仿通信函授法，刊行丛报，这便是我国函授教育的开始。新中国成立以后，函授教育迎来了发展与繁荣。1951 年，中华职业教育社在北京创办函授师范学校，东北实验学校设立了函授部。1952 年，中国人民大学正式设立函授部并招生，标志着我国高校函授教育的开始。

（二）广播电视教育

20 世纪 60 年代以来，广播电视在世界各国逐渐普及，利用广播电视可以传送声音、图像信号的特点，各类方式的广播电视教学迅速兴起，远程教育进入了第二代。具体的方式有两种：一是电台在固定时间内播送单门课程的教学节目，学生只要坐在自己家里面对电视机、收音机收看（听）即可；二是广播电视大学，也像普通学校那样招生、编班上课，采用收看（听）电台教学节目与教师上课、辅导相结合的方式。

（三）现代远程教育

自 20 世纪 90 年代以来，随着信息和网络技术的发展，产生了以信息技术和网络技术为基础的第三代远程教育——现代远程教育。从最初的 Word 和 PDF 文件，到随后的音频文件、视频文件，都通过互联网进行传播。现代远程教育与函授教育、广播电视教育等传统远程教育形态不同，它是以学习者为主体，学生和教师、学生和教育机构之间主要运用网络技术、多媒体技术等现代信息技术交互手段进行系统教学和通信联系的新型教育形态。

在美国，起初大量录制课程出现在了 YouTube、大学内部视频服务器上，随后很多大学也开始提供网络课程。麻省理工学院于 2001 年开展的免费项目“开放式课程”就是其中的典范。可汗学院从2006年起开始提供在线教学短片，并且其关注度逐年攀升。

我国第三代远程教育以 1998 年启动的普通高校现代远程教育试点为起点，以综合运用计算机网络技术、卫星电视技术和电信技术传输教学信息，开展远程教育为特点。1998 年 12 月，我国教育部制订了《面向 21 世纪教育振兴行动计划》，明确提出了实施“现代远程教育工程”。1999 年 3 月，教育部批准了清华大学、北京邮电大学、浙江大学和湖南大学 4 所高校开展现代远程教育试点。2000 年，教育部《关于支持若干所高等学校建设网络教育学院，开展现代远程教育试点工作的几点意见》政策文件提出，为落实《面向 21 世纪教育振兴行动计划》、积极发展高等教育，教育部决定支持若干所高等学校建设网络教育学院，开展现代远程教育试点工作。如今，我国现代远程教育试点高校有 68 所。

MOOC 是最新涌现出来的一种大规模在线开放网络课程模式，它使现代远程教育成为互联网领域和教育领域的热门话题。不同于以往教育领域的各种变革和转型，MOOC 的萌芽与崛起被压缩在高校的网络时代中。MOOC 的理想是做到“任何人在任何时间、任何地方都能学到任何知识”。尽管 MOOC 带来了在线教育的巨变，但它的本质仍是在线教育，它仍属于远程教育概念的范畴。

二、国外远程教育的发展现状

当前，现代远程教育发展迅速，已有 100 多个国家开设了远程教育。据联合国教科文组织统计，1998 年全世界已经建立网站的大学就超过 4500 所，到 2000 年全世界 85% 的大学已在网上开辟了自己的网站，且其中的 1/4 左右会开设“远程教育课程”。

（一）美国的远程教育

1. 美国远程教育的结构形式

在经历了函授形式、电视教学、多媒体技术传输和新媒体技术传输四个时代后，美国远程教育的发展模式已经成为西方极具代表性的模式之一。根据教学提供机构和学位授予机构的不同，美国学者菲普斯（Phipps）、威尔曼（Wellmon）和麦尔索提斯（Merisotis）将美国的远程教育结构形式分为以下几种。

（1）附属于传统校园教育的远程教育

美国许多传统院校都增设了远程教育课程。远程教育的学习者必须经过正式注册，然后才能进入正规录取程序，进而选择所学课程。这种方式特别适合社会上的在职学习的学员，因为它主要依靠教学者主动地采取可行性技术来实现的。

（2）合作型远程教育

合作型远程教育是由传统院校组成联合体，进行远程教育的合作联营。这种方式一般以地域为单位，全州或全地区的多家传统院校联合起来，成立联合远程教育学院，但是学位授予权仍归自身学院所有。

（3）契约型远程教育

契约型远程教育是指各不相同的教育机构联合起来，仅仅单纯地负责远程教育课程的传递工作，而没有授予学位的资格，其属于契约规定的联合体。

（4）虚拟大学远程教育

虚拟大学是虚拟组织的一个特定的形式，院校通过技术手段提供全部或大部分课程。它是这样一种虚拟组织，其目标是为公共教育提供服务，同时兼具实体大学的服务性与产业的市场经营性。

2. 美国远程教育面临的问题

（1）现行的问题模式

为满足全世界高等教育的需要，美国高等教育采取分校模式。这种模式的特点是学生、教师、研究机构跨国流动以及在国外建立分校。直到 20 世纪末，美国在世界上享有盛誉的海外高等学校有贝鲁特大学、美国希腊学院、开罗美国大学，同时还有美国大学的分校，如波士顿大学在伦敦和布鲁塞尔的分校。

直到最近，这种模式都是相当成功的。20 世纪 90 年代中期，美国国际学生的招生数日益增长，与之相伴的是分校的迅速建立。2005 年，美国和澳大利亚成为世界上拥有跨国校园数量最多的两个国家，如今全球都布满了美国模式的高等教育机构。但大量事实表明，分校猛增也产生了一系列问题。

（2）社会文化问题

美国在世界的领头角色经常为美国在海外的教育机构带来不利的影响。在某些排外的文化和社会中，这些教育机构被认为是美国的官方机构。尽管教育机构的目的是希望给各国提供一个看西方的窗口，但被看作是文化入侵。

（二）英国的远程教育

1. 英国远程教育发展总体概况

英国是世界上开展远程教育最早的国家之一，对世界远程教育的发展有着非常重要的影响。其总体概况体现为以下几点。

（1）管理体制方面

英国在开展远程教育的过程中，积累了相当丰富的经验，形成了运作效率高、规模庞大的远程教育管理体系，为远程教育在英国的发展打下了非常坚实的基础。

（2）使用技术方面

英国的远程教育引入了各种新的技术，利用这些新的技术，能够满足不同层次的学生的需求。

（3）教学模式方面

英国的远程教育也十分重视新的教学模式的创建。英国是最早建立开放教育体系的国家，成为其他国家建立开放教育体系的典范。

（4）教学方法方面

英国的远程教育通过创建各种不同的教学方法来满足不同学生的学习需求。

（5）专业课程设置方面

英国开放大学提供了非常灵活的专业课程设置。在英国的远程教育系统中，传统的基础性的专业课程，能够解决许多实际问题。

（6）运行模式方面

英国远程教育通过普通高等院校提供师资的方式来开展远程教育活动。这也成为很多国家开展远程教育所采用的基本的运行模式。

2. 英国远程教育发展具体概况

（1）学生的学习

英国远程教育系统中学生的学习方式非常灵活，除了完全的远程学习方式以外，也有部分学生采用了混合学习方式，即远程学习再加上适当的面授辅导。不过这种面授辅导所占的比例不到10%，这充分体现了远程学习的特点。总体来说，英国远程教育系统中学生的学习有以下几个特色。

① 主要采用在家自主学习的方式。这些自主学习包括通过各种媒体技术获得教学材料，也可以通过远程教育系统在家完成各种实践活动等。

② 需要一定的面授辅导时间。这是很多接受远程教育的学生在学习的时候必须要选择的。这种面授辅导的方式也是确保教学质量的一种手段。

③ 自由选课制。进入英国开放大学学习的学生可以自由选择自己喜欢的课程进行学习，甚至可以涉及两个学院合作开设的课程。当然为了完成特定专业的学习要求，一些必修课程还是需要的。

④ 可以进行研究生课程学习。与一些发展中国家的远程教育机构不同，在英国的远程教育机构中，学生完成了研究生学位课程的学习，达到了研究生毕业所应达到的所有要求，就可以授予研究生学位。因此，学生通过这种研究生课程的学习，可以获得硕士乃至博士学位。这是英国等发达国家远程教育的特点，给学生提供了多样化的选择。

⑤ 进行评教。每学期学生除了完成学习任务之外，还会对教师的教学情况进行评价，以帮助教师改进自己的教学。评教的结果也会公布在网站上，以提供给学生做参考。

⑥ 学生可以享受到非常优质的学习方面的支持和服务。这也是英国远程教育系统的一个重要特色，并为其他国家的远程教育系统所借鉴。通过这种学习的支持和服务系统，每个学生都可以获得个性化的服务，学校也能够做到有问必答，尽可能快地解决学生所遇到的各种问题。

⑦ 终身学习理念。学生在远程教育系统中完成学业并获得证书，并不意味着学习的结束。整个远程教育系统，给学生灌输的是一种终身学习的理念，因此在网络技术迅速发展的前提下，学生在一生之中都能够享受到英国远程教育系统提供的学习机会。

（2）教师

英国远程教育系统中的教师主要来自普通高等院校，他们都有着非常丰富的面授经验，只要稍加调整，教师们就可以很快适应这种新的教学方式。英国远程教育中的教师特色体现在以下几个方面。

① 教学观念先进。为了能够适应远程教育系统的教学需要，教师们的思想观念很早就已经从以教师为中心、以课堂为中心等传统教学观念转变成了以学生为中心的现代教学观念。这为英国远程教育系统教学质量的提高打下了坚实的基础，并积累了非常丰富的具有先进教学观念的教师资源。

② 进行远程课程设计。这是远程教育系统中的教师必须完成的一项工作。因为很多教师并不一定熟悉远程教学课程设计的方式方法，所以英国远程教育系统还专门安排了一些部门来为教师提供帮助，如开放大学的课程组就是用来帮助教师进行课程设计的。

③ 教师与课程组保持密切的联系。通过行之有效的课程组机制，教师可以和开放大学系统中的教学研究专职人员交流思想，从而解决教学过程中遇到的各种问题，这也能促进教师迅速从传统的教学方法上转变过来，达到远程教学的要求。

④ 接受校外同行的评议。教师的教学必须接受校外同行的评议，如果在同行评议中没有获得通过，则会影响到该教师的继续聘用。事实证明，这种同行评议的方法对于促进教师提高自己的教学质量有非常明显的效果。这也是英国远程教育系统能够保持高质量的教学水平的原因之一。

⑤ 接受在线培训。由于远程教学是一种新的教学形式，特别是网络在线教学的应用越来越广泛，很多习惯于传统课堂教学的教师很难迅速适应网络在线教学的要求，因此他们在进行远程教学之前，需要接受一些在线培训。

⑥ 不断地进行专业发展。远程教育系统中的教师也需要不断地进行专业发展。而教师能否在远程教育过程中获得足够的专业发展机会，也成为评价一个远程教育机构能否成功运行的一个重要的参数。专业发展可以通过多种形式来进行，可以采用远程培训的方式来进行教师培训，更多的则是采用行动研究等方式来实现。

⑦ 重视小组协作学习。英国早期远程教育的主要目的是促进教育规模的扩大。随着网络虚拟学习环境的出现，教师与学生之间的交互成为可能。为了满足教师与学生之间充分交互的需要，教学规模的扩大不再是远程教育应用的一个重要标志。网络技术的应用也改变了过去那种利用广播向学生发放教学材料的做法。现在英国远程教育系统中教师的教学方法以小组协作学习为主，教师需要具备在网络虚拟环境中组织这种小组协作学习的能力。

⑧ 进行教学研究。这也是远程教育系统中的教师必须完成的一项重要工作，

教学研究一方面可以促进教师解决在远程教育教学过程中所遇到的实际问题；另一方面这种持续的教学研究也是促进教师进行专业发展的一条重要途径。

（3）机构

与其他国家相比，英国的远程教育机构系统完整、功能齐全，特别是在向学生提供学习支持和服务方面，很有特色。英国远程教育机构的工作内容有以下几方面。

① 规划远程教育整体的发展。包括制定教学大纲、进行课程设计、进行资源建设、提供远程教育平台等。

② 提供以学生为中心的远程教学支持服务。这些支持和服务包括教学资源服务、信息技术服务、学习环境服务、学习建议服务等。其中，教学资源服务涉及提供给学生各种专业图书资料、多媒体教学辅导资料等服务。而信息技术服务则涉及计算机网络服务、多媒体信息检索服务等。学习环境服务包括了提供网络教学平台、解决网络平台运行中的各种问题等服务。学习建议服务则包括了教会学生如何进行远程学习，以及及时解答学生在学习过程中所遇到的各种问题等服务。

③ 提供热线电话。为了解决在教学过程中所遇到的各种问题，英国的远程教育系统都提供了热线电话。教师和学生遇到了任何问题，都可以及时通过热线电话与远程教育机构进行联系，解决所遇到的各种问题。

④ 开放大学课程组机制。这也是英国的一些远程教育机构的创新之处。利用课程组，可以进行课程模块的划分。课程组的组成成员主要由开放大学主席、教育技术专家、多媒体技术厂商、设计人员、课管人员、辅导教师等人员组成。这样的人员组成，有效地协调了一门课程在教学中所涉及的多方面的因素，为教师教学的有效进行提供了保证。课程组在运行时首先通过各学科小组制定详细的课程报告，然后送交开放大学学术委员会批准。一旦课程得以批准，就可以在系统中设立，并交由课程组进行讨论。这些讨论涉及需要哪些支持和服务、教材建设、课程维护、管理等多方面的工作。

（4）技术的应用

英国远程教育系统使用的技术也呈现出多样化的特点。早期的函授教育使用邮政系统，后来发展到广泛使用广播电视等技术来开展远程教育教学活动。英国开放大学早期还广泛使用了印刷材料、录音磁带、录像带、幻灯机等来支持远程教学。目前，英国的远程教育系统主要使用网络技术来开展远程教学活动。

英国远程教育系统的另一个特色在于技术应用的多层次性，面对不同的学生，使用不同的技术来促进其学习。

英国远程教育系统非常重视多种媒体的组合教学。就是说在远程教学过程中，并不仅仅依赖单一的媒体来进行教学。如在一门课程的教学过程中，既包括网络课程的资料，也可能包括印刷材料、光盘，甚至还可能包括实验箱这样的设备。为了促进多种媒体在教学中的应用，使得学生的学习变得更加有效，一些英国的远程教育机构还专门设置了媒体研究中心，专门研究远程教育中哪些媒体能够更加有效地促进学生的学习、如何进行多种媒体的组合学习等。

（5）质量保证

英国远程教育系统在质量保证方面也做得很有特色，其中开放大学的质量保证体系的影响力比较大。

英国开放大学在建立之初就明确提出："独立、自治、以与其他高校完全相同的标准来自行颁发授予学位。"这一理念在开放大学四十多年的办学历史中得到了贯彻，并获得了成功。开放大学的质量保证体系具有如下特点。

① 质量保证体系具有开放性。开放性意味着将质量保证措施落实到远程教育系统的所有环节中，全方位地进行质量保证。这些环节包括了课程体系、教学管理体系、技术保障体系、考核管理体系等多个方面。使得开放大学的办学质量能够维持在一个比较高的水平。

② 建立校内质量监控体系。开放大学中，每个学院都设有专职的副院长来监控教学质量，这些监控涉及课程的建设、实施、评价等多个环节。教学评价委员会，可以对课程开展经常性的评估检查活动。这些评估检查包括了解教师的教学过程、检查各种教学文件、通过专家进行审查等。每次评估结束以后都会向教师反馈教学意见并提出改进的建议。

③ 建立校外的监控机制。校内的质量监控机制是一种自律的过程，但为了能够获得更加真实的质量监控结果，还需要校外的监控机制来保证。校外的监控主要由英国高等教育质量委员会对开放大学的教材、教学水平、教学服务体系、考试命题情况、地区教学中心的工作等多方面进行评价。高等教育质量委员会每年都将检查结果反馈给学校，督促学校对教学过程中所遇到的各种问题进行及时的解决和调整。

（三）日本的远程教育

1. 日本远程教育发展现状

第二次世界大战之后，日本不仅追求经济的长足发展，而且也同样重视教育在其国家发展中的根基性地位。日本坚持把提高国民教育水平和国民素质作为其发展目标，并在发展中秉承终身教育的思想观念，坚持教育与经济并重，力争使终身教育的理念深入民心。

在这种背景下，远程教育成为日本实现终身化学习社会的有效手段，成为提高整体国民素质的重要环节。远程教育因其形式的灵活多样和实施过程中的严谨务实性而被越来越多的国民所接受，成为国民的主要学习渠道，为国民的终身教育提供了强有力的技术支持和资源支撑。因此，远程教育成为开展终身教育的有效途径和实现教育现代化的重要手段。日本的远程教育逐渐融入其国家整体的教育体系之中，成为日本国民实现终身教育的有效方式，为日本高等教育的开展和普及提供了不可磨灭的支持，有力地帮助日本成功转型为“教育发达国家”。

2. 日本远程教育管理模式概况

日本远程教育大学实行通信制教育，并有《大学通信教育设置基准》对其进行详细规定。在日本国内，通信制教育分为两类。一类是专门的通信制大学，只有 2 所，分别是放送大学和私立通信大学。另一类是在全日制大学设立通信教育部，负责远程教育的相关事务。这两种模式相互联系，资源共享，共同合作，为日本的终身教育体制和学习型社会服务。

放送大学是日本通信制大学的代表，在国际远程教育学校中也很有代表性。放送大学 1967 年成立，十分注重对受益面大、共享性强的宏媒体的使用。国立多媒体教育研究所帮助放送大学制作并播送学习课程，其教职人员大多来自日本的私立高校和公立高校的各领域的专家。

日本所说的通信制教育类似于我国的函授制教育。日本全日制大学的通信制教学的主要特色是，能够有效地促进国内各个大学甚至国际各个大学间的交流与合作，以形成多样化的开放灵活且资源共享的高等教育体系。

3. 日本远程教育的具体措施

（1）宏观管理方面

政府对远程教育的重视和支持以放送大学为例。从 1967 年放送大学开始筹备到国会于 1981 年颁布第 80 号法令《放送大学学园法》并开始实施，一共历经了 18 年，放送大学于 1985 年正式开始招生。筹备过程的严谨和细致，各项规章制度和立法的支持，都确保了放送大学的顺利发展。

（2）战略管理角度

日本将终身学习理念深入人心，日本《终身学习振兴法》表示：像大学这样的正规学校系统应该尽可能地向成年人开放门户方便其进行学习。日本还为想接受研究生教育的成年人设立了通信制研究生院。学习者可以在线提交并修改其作业和论文。日本社会的各个阶层都在为建设社会化的终身学习网络共同努力。

（3）质量管理角度

日本于 1997 年 4 月成立了日本国立多媒体研究所，该研究所通过促进开展教育领域的合作与交流来加强教育界对通信卫星的运用，并积极开展各类调研活动。1997 年 8 月，日本修订了教育改革计划，建立了通信卫星的应用网络，推进多媒体的应用改革，承认学生通过多媒体教学形式获得的学分，并成立通信制研究生院。日本大学委员会发表了以“21 世纪的大学和未来革新战略——个人特性的竞争”为主题的报告，从 1998 年开始，日本规定大学本科毕业所需的 124 个学分中最多可以有 60 个学分来自“远程教学”。与此同时，日本大学的本科生可以在其他大学互换的学分也提高到了 60 个学分。这个网络使得各个大学可以更加方便容易得进行多方面的交流合作。

三、国内远程教育的发展现状

（一）国内远程教育取得的成绩

我国现代远程教育在短短的几年中获得了飞速发展，有效地推动了我国高等教育包括课程内容、体系和教学方法等方面的改革，促进了学习者自主学习能力的提高。

1. 办学层次与规模不断提升和扩大

试点高校主要向社会提供三个层次类型的学历学位教育，包括研究生课程进修（68 所远程教育试点高校中有 12 所经教育部批准可开设研究生进修课程）、大学本科和专科，其中本科又分为高中起点本科、专科起点本科和第二学历本科三种类型。专业类型主要覆盖管理类专业、工程技术类专业、经济类专业和法律专业等。

另外，许多高校还利用远程网络，面向社会开设各类继续教育和职业培训课程，如清华大学开设有高新技术、企业管理等领域的培训课程，为企业和地区培训各类学员已达 8000 人。浙江大学也正在积极筹备开展远程医务人员培训，向社会提供包括培训、证书考试和自考助学等远程教育课程。

2. 远程教学方式多样化

（1）基于互联网的学习形式

这种方式打破了时空界限，能够为学生提供自主学习和个性化学习的条件，便于实现远程交互学习和资源共享。网上远程教育系统主要由远程考试系统、网上交流系统、资源库系统、教学管理系统组成一个完善的网上学习环境。但因受学生所在地网络条件、互联网带宽、网上资源和支撑环境等因素的限制，目前完全运用互联网教学的还较少，网上教学材料多是以文本为主，一般需要其他媒体如印刷材料、光盘等辅助。

（2）远程课堂教学形式

教师利用双向视频会议系统向远处的学生实时授课，学生可以在异地教室聆听到名师讲课，可以及时提出或讨论问题；教师也能够了解听课学生的情况，可以向学生提问或回答学生的问题。双向视频会议系统将身处异地的学生和教师拉到了一起，是最接近于传统教学模式的远程教育方式。教师可以根据学生的反馈，及时调整自己的授课过程，从而达到较好的效果，并大大扩展了教学空间，增加了听课学生的数量。

（3）网上点播学习形式

这种方式主要利用数字卫星与地面计算机网络相衔接，将传送的课程以 IP 数据包的形式下载存储，使学生在各教学点的局域网上点播学习。学生可以自主选择课程及学习内容，学习时间和方式较为灵活。

（4）卫星广播形式

这种方式是将远程教育节目通过卫星播放到全国各地。它具有接收方便、覆盖面广的优势，对于我国中西部网络、电讯都不发达的地区来说，意义重大。

（二）远程教育发展中面临的问题

1. 专业设置不均衡

目前，我国远程教育的专业设置过于集中，比例不均衡。大多的试点院校都集中开设了计算机类、经济类和法学类等热门专业，而对基础学科有所忽略。按照这种趋势发展，过几年难免会出现一些专业人才供不应求、一些专业人才供过于求的状况。因而，不按照社会与学生的需求科学地设置专业，势必会影响我国现代远程教育的发展。

同时，由于长期受传统教育思想观念和教学模式的束缚，一些试点学校对现代远程教育这一新的领域，以及它的教学方法、教学组织了解得还不够，还没有真正形成一种学生个性化学习、自主学习的网络环境。目前远程教育虽然大多采用远程课堂或自学的形式，但是并没有实现真正的自主学习，大多数的远程教学仍然采用传统的以“教”为主的教学模式，学生处于被动的学习之中。这样的教学模式将不利于学习者自主学习能力的培养，难以激发学生的学习兴趣。因此，只有加快对远程教育教学模式的改革，努力建设以学生为中心，以教师为主导的学习模式，才能更好地开展现代远程教学。

2. 缺乏学习支助服务

现代远程教育是以学习者为中心，以多种现代信息技术为教学手段的一种开放性教育。在目前的远程教育中，教师往往只能为学生提供简单的学习支助服务，师生间缺乏人际交流与基于媒体的双向通信交流。这样就使得教师很难准确地了解学生的实际学习情况，对学生在学习过程中遇到的问题不能及时、准确地给予指导与帮助。同时，学生在没有教师指导的情况下，很难培养与发展自主学习的能力、较好地选择信息资源进行自主学习。因而，如果没有完善的学习支助服务，教师与学生都会感到缺乏交流与沟通，很难适应这一开放的网络教育形式，远程教育的优越性也不能得以充分体现。

因此，在现代远程教育中应当尽快提供完善的学习支助服务，即信息服务、学习资源服务、学习策略服务、交互服务和学习评价服务等，构建协作化的学习环境，促进学生自主学习能力的提高。

3. 网络传输受到限制

现代远程教育对网络的要求是覆盖面广、主干光纤容量大、传输速率高，对带宽的要求是可以进行实时交互的远程教学，不仅可以传输文本，而且可以传输实时的音频、视频数据信息。通过宽带网络，异地师生可以像在现实课堂上一样进行交流、讨论和对话。创设一种虚拟的教室，让现实课堂数字化地再现，这种方式对带宽的要求一般是 100 Mbps 以上。然而，由于受带宽的限制，目前在远程教育中大多只能满足教学内容传递、作业提交、答疑、教学教务管理、信息查询等异步教学的要求，对实时授课、实时答疑等现代远程教学要求在技术上暂时还不能满足。因而，网络带宽成了制约我国现代远程教育发展的瓶颈，在一定程度上限制了教学内容的表现形式，进而制约了远程教育向国民生活渗透和扩张的深度、力度和速度。

因此，网络传输问题也是亟待解决的问题。只有提高网络实际的传输效率，才能实现真正意义上的现代远程教育。现在国家正投入大量资金建设双向实时交互的宽带网络——教育城域网。各个学校可以通过光纤或无线网络方式接入教育城域网，然后再统一通过教育城域网高速出口与 CERNET（中国教育和科研计算机网）、Internet 相连，建立教育资源中心，从而实现广泛的教育资源共享，开展现代远程教育。

4. 远程教育的质量问题

（1）远程教育质量观模糊

对于远程教育来说，教与学时空分离这一特性，使其与传统的高等教育在教育目的、教育对象、教育制度、教学模式等方面存在诸多差异。我国早期的远程教育质量观存在两种倾向：一种主张是远程教育作为大众化高等教育的一种特殊形态，应该独树一帜，建立另一种新型的质量观。另一种主张是同一所大学的校外远程教育与校内教育应该实行相同的教育质量标准，避免另眼相看。事实上，社会、政府、机构等对远程教育所持有的质量观等也存在较大的差异。

在我国远程教育的发展过程中，逐渐形成了多样化的质量观，如服务的质量观、适应性的质量观等，从不同的维度阐述了对远程教育的价值判断。

（2）远程高等教育质量标准不完善

作为公共服务行业之一的教育日益得到标准化组织的重视，在国际教育标准体系中，质量标准是主体。20 世纪 90 年代以来，以欧美为代表的发达国家教育改革的共同特点，可以概括为“世界教育正进入基于标准的提高质量时代”，面向远程教育的质量标准，正在逐步健全和完善。而从目前我国远程教育现状来看，多数远程教育机构依据自己的办学要求，制定了一定的规章制度等，质量标准尚不健全，更无国家层面的质量标准要求。

（3）远程高等教育质量保证体系还不健全

健全的质量保证体系是基于系统论、全过程管理理论的指导，保证远程教育质量的重要保障，一般可以分为内部质量保证体系和外部质量保证体系两个部分。对于内部来说，从目前我国远程教育的实际来看，部分机构虽然在课程建设、教学管理等远程教育人才培养的关键环节上进行了过程管理，但并未形成健全的内部质量保证体系；对于外部来说，国家层面也仅仅是采取了基于项目试点的验收与评估、年报年检等措施，依然缺乏完善的外部质量保证体系。

5. 教师信息素养有待提高

远程教育对教师信息处理、媒体使用的能力提出了更高的要求。从事远程教育的教师不仅要精通现代远程教育教学内容，还要能熟练运用现代教育技术和方法进行网络课程的编制。同时，教师还要能通过网络开展教学、交互服务、考试和评价等一系列工作。然而，目前教师往往只是将课堂教学方式搬到远程教学中来，没有真正充分利用远程教育的优势。同时，学校对教师进行现代教育技术培训的力度也不够。如果教师的信息素养不能跟上远程教育的发展，那么就不能充分发挥现代信息技术的优势开展教学工作，势必会影响远程教育的质量。所以，提高教师的理论水平和信息素养将有助于提高远程教育的教学质量。

6. 远程教育的理论研究滞后

我国的现代远程教育还处于探索阶段，虽然在实践中已取得了丰富的经验，但其理论研究明显滞后。目前，在对远程教育的研究中，出现了重宏观轻微观的局面。往往对宏观性、方向性、趋势性、概念和原则性的问题研究得较多，而对于教学实践过程中的现象、问题等研究得较少。

因而，今后应该从宏观和微观两个层次对远程教育进行研究。宏观层次主要是研究远程教育发展的趋势、方向和动态，远程教育的特点与发展规律，构建终身教育体系和学习化社会，以及研究远程教育与其系统中各要素之间的关系。微观层次主要是对远程教育的学科与专业、课程设计开发、教学方法、现代教育技术在远程教育中应用的先进性和实用性等进行研究。只有将实证研究和案例研究相结合，才能总结过去的成功经验，为远程教育的实践活动做出指导。

7. 远程教育的定位存在片面性

自 1998 年教育部批准高等院校开展现代远程教育以来，我国高等院校的现代远程教育大多都是以开展学历教育为主。在目前我国高等教育入学率不高，以及在用人机制范围内文凭还起着相当大的作用的情况下，现代远程教育开展学历教育是为了满足人们的这种需求，也是无可厚非的。但是，我国还有 6 亿 ~ 7 亿的从业人员由于各种原因没有接受高等教育。如果我国远程教育的发展定位仅仅是学历教育，那样将有悖于远程教育大众化、民主化的特点，有悖于以提高全社会的文化素质为根本目标的教育方针。因此，我国远程教育的发展应该有正确的定位，明确发展远程教育的目的。

2002 年 7 月，教育部在出台的《教育部关于加强高校网络教育学院管理，提高教育质量的若干意见》中明确提出："高校网络教育学院要以在职人员的继续教育为主。"因此，高等院校要较好地贯彻教育部这一规定，从根本上明确现代远程教育的定位，从我国的国情出发，从社会和学习者的需求出发，充分发挥自身高水平教学的优势，开展学历教育与非学历教育相结合的现代远程教育，为我国构建终身教育体系、形成学习化社会而努力。

8. 远程教育资源贫乏与教育资源重复建设

虽然在过去几年我国在远程教育资源建设上取得了一些成绩，但是整体上来说网络中真正适合学生学习的资源很少。往往很多网络课程就是简单地把文字教材变成电子文本，把录像教材变成 IP 课件给学生，缺乏经过整合的、适应学习需求的教学设计和各种媒体的一体化设计。因此，可利用资源的贫乏在很大程度上限制了学生的学习，难以发挥远程教育网络资源丰富的优越性。

与远程教育资源贫乏相矛盾的是教育资源重复建设现象严重。虽然教育部在决定实施现代远程教育工程时，就明确提出要在我国教育资源短缺的条件下办好教育，强调要“实现跨越时空的教育资源共享”，后来在《关于支持若干所高等学校建设网络学院，开展现代远程教育试点工作的几点意见》中，又进一步提出要“建立起资源共享的形式和运行机制”。但是，实际上现在很多学校在开展远程教学时，从教学系统支持平台、教学管理系统到每一门课程都是重新进行开发，投入了大量的资金、人力、物力。各个学校各自为政，没有进行资源共享，从而造成学校之间在教学资源上的重复建设。有些远程教育机构没有严格遵守教育部颁布的《现代远程教育技术标准》和有关规范，没有用标准化的办法保障网上教育教学资源的共享和网络系统平台的交互，从而也限制了远程教育资源的广泛共享和优化整合。

今后，我国政府部门应该大力加强资源建设的规范化管理，按照现代远程教育资源建设标准建设，达到资源共享、优势互补、互惠互利、共同发展的目的。这样在一定程度上有助于资源的共享，减少资源重复建设，对于我国远程教育的发展具有重要意义。同时，应当加强高等院校、企业和图书馆等部门的合作，发挥各自的优势，在资源的整合上更趋于完善化和优质化，从而提高教学质量和效益，增强教育实力。

第四节　现代远程教育的发展方向与趋势

一、从国家政策看远程教育的发展方向与趋势

（一）构建终身教育体系

1998 年，教育部在《面向 21 世纪教育振兴行动计划》中提出“实施‘现代远程教育工程’，形成开放式教育网络，构建终身学习体系”，指明“现代远程教育是随着现代信息技术的发展而产生的一种新型教育方式，是构筑知识

经济时代人们终身学习体系的主要手段”。此后，教育部又将“发展现代远程教育，构建终身教育体系”确定为教育信息化的主要任务之一。因而，现代远程教育的发展目的是构建终身教育体系，是为促进人的全面发展目标服务的。

随着我国社会经济的快速发展，21 世纪对于人才的要求更高。随着远程教育各方面的不断完善，尤其是新的教育技术手段的运用，远程教育将为国家培养更多不同层次的人才。其中，本科教育以专升本成人学历教育为主。同时，随着国际竞争的加剧，以及我国经济结构的调整，知识更新日益迫切。因此，远程教育也应该是一种职业教育——非学历教育。远程教育已经逐步开始把提高员工素质和培养职业技能作为重点，目前在我国已经有一些学校开始着手开展这种非学历教育，视角也从面向社会招生转向为社会服务。例如，开展岗位培训，包括员工培训、下岗职工和转岗人员培训等。

我国的远程教育是高等教育大众化任务的承担者，以培养实用型人才为主要目标。因此，在政府的宏观调控和大力支持下，我国远程教育今后的发展必将从单一的学历教育向构建终身教育体系服务的方向转化。

（二）提倡多元化交流与合作

我国远程教育在试点初期，教育部对于各个试点院校的试点工作没有做出明确分工，各个试点院校的网络平台各具特色，在资源建设和数据上很难共享。随着远程教育试点工作的不断深入，政府和各院校逐渐认识到交流、合作的重要性，认识到实现网络教育资源共享是发展现代远程教育的关键，是建立终身教育体系和学习型社会的重要前提和基础。

实现资源共享首先应该实现校内外资源的共享，其次是实现本地区和同类型学校之间的资源共享，再次是实现国家同一部门之间的资源共享，最后是实现全国范围和国际范围的资源共享。在实现资源共享的过程中，政府部门应该做出宏观指导，承担共享资源标准的制定，在资金方面给予大力的支持；合作成员应多元化，高校、专业协会、图书馆和企业等都应该积极参与到资源共建的行列中来，发挥各自的优势，使资源整合更趋于完善化和优质化。

二、从发展模式看远程教育的发展方向与趋势

远程教育是扩大优质教育资源覆盖面、促进教育公平、提高国民素质和人力资源开发水平、实现教育信息化和教育现代化的重要模式和手段。未来，远

程高等教育的长效发展还需要创新体制机制，支持教育教学改革探索，激发内在活力，通过实践，倒逼应用，走向多向度的深度融合。

（一）学历教育与非学历教育融合

自现代远程教育工程实施以来，学历教育与非学历教育一直是远程教育机构的两大支撑业务。依托学分银行制度架构，创新业务模式，进行服务流程再造，促进学历教育与非学历教育协同发展，是远程教育机构持续发展的重要支点。学历教育与非学历教育的融合，有利于激活学历教育与非学历教育用户间的相互渗透和相互转化的机制，是远程教育机构重要的业务生长点，也是提升国民素质、建设人力资源强国的重要抓手，是构建终身教育体系、促进学习型社会形成的重要途径。

（二）学校教育与职业教育融合

立足于行业与职业发展需求，实现学校教育与职业教育的融合是远程高等教育机构寻求与普通高等教育错位发展、优势互补的重要方面，是远程教育机构持续发展的“硬实力”。

远程教育的培养目标是培养应用型人才，培养对象以成人学习者为主。学习者在不脱离工作岗位的情况下开展远程学习是远程教育的常规形态，相当数量的远程教育的学习者所学的专业与职业工作相关。但是，受制于现有高等教育评价导向，相关专业的学习要求与职业岗位能力需求并不匹配，长期以来，远程教育机构提供的学校教育与实际职业能力需求“两层皮”的现象较为普遍。

近年来，远程教育机构一直在寻求突破。国家开放大学“新型产业工人培养和发展助力计划”、教育部“一村一名大学生计划”、网络教育学院服务“一带一路”倡议的特色专业建设，就是远程教育机构主动适应国家经济发展新常态下社会教育需求和社会成员学习需求的变化，服务国家发展战略，面向特定人群开展“定制教育”的重要举措。这些探索将进一步引领和推进学校教育与职业教育的融合。

（三）线上教育与线下教育融合

未来教育将不存在互联网教育和非互联网教育之分，应该是线上教育与线下教育的大融合。正如“线下教育”不是普通高等教育的标签一样，“线上教育”也不是远程高等教育的标签。无论是线上教育还是线下教育，其最终目的都是为教育提供最好的解决方案。

尊重教育规律是互联网时代教育发展的内在要求。远程教育机构在侧重发展网上教学的同时，不可忽略地面学习中心的作用与建设。只有将二者有机结合起来，保持和发挥自身在网络教育发展中积累的先发优势，才有可能在新一轮的行业格局中站稳脚跟。

（四）固定终端与移动终端融合

远程教育的诞生和发展与信息技术密不可分。既往的学习平台的载体主要以 PC（Personal Computer，个人计算机）为主，随着移动互联技术的发展，手机、平板电脑、可穿戴设备等移动终端学习媒体的不可替代性日益凸显，移动终端配套课程资源日渐成为开发和建设的重点。

但是，从目前的发展看，PC、电视等大屏幕固定终端在学习资源呈现方面的优势仍不可忽视，即使未来增强现实技术、虚拟现实技术融合到远程教育中，大屏幕固定终端的作用也无法被替代。

因此，为满足多样化的学习需要，未来远程教育中的跨媒体学习资源将不可或缺，在不同的设备上相同的内容需要以不同的形式呈现和传播，从而呈现多种媒体终端的学习资源相互匹配、相互融合、实时同步的态势。

三、从技术发展看远程教育的发展方向与趋势

开展现代远程教育的一项重要内容是进行网络建设，其目标是建立一个开放的、网络化和数字化的公共教育平台，使教育机构可以充分利用这一平台，采用实时或非实时的交互方式开展远程教育。

我国现代远程教育目前还处于分散发展状态，缺乏有机整合。目前远程教育网络主要由卫星电视教育网、中国教育科研网（CERNET）、公众电信网和有线电视网这四种信息传输网络组成。卫星电视教育网花费的成本较低，在今后一段时间，特别是在广大农村地区，卫星电视教育网将是我国今后发展的重点。目前广泛应用的是“外交互式”宽带卫星因特网接入系统——Direct PC 系统。它将信息传输的上下行通道分离，具有良好的实时性、交互性，是一种卫星宽带广播和地面回传无缝结合的经济型远程教育解决方案。

今后应重点发展卫星电视教育网，形成以公众电信网、有线电视网、卫星

视频传输系统和计算机网络相结合的多元化现代远程教育专业传输网，推进远程教育网络体系的建立，促进远程教育的发展。

四、从市场需求看远程教育的发展方向与趋势

远程教育的市场需求量大，其主要表现在如下几方面：第一，通过远程教育试点工作，推动优秀的教育资源向西部输送，促进西部教育质量的提高；第二，远程教育作为一种新的教育方式，它能够有效地降低教育成本，提高教育绩效；第三，远程教育能够提供非学历教育，并根据社会、单位的需要大量开展远程培训，从而为学习者创造了终身学习的机会，也满足了建构终身教育体系的需要。

随着社会的不断发展与进步，学习者已经不能满足于传统教育下固定时间、固定地点的学习方式，而是希望实现随时随地学习。而远程教育正好能够满足学习者的这一需求。近年来，网络、通信等技术的不断发展，为学习者随时随地学习创造了技术条件，现又诞生了远程教育的一种新形式——移动学习。移动学习是指学习者能够应用移动设备在任何时间、任何地方根据自己的需要进行自主学习，它是一种新的远程学习方式，给予了学习者更大的自由，大大提高了学习的灵活性。

五、从发展动力看远程教育的发展方向与趋势

2014 年，“互联网思维”一词莫名地火了，它作为一种思考方式，遭受各种“吐槽”。用户思维是互联网思维的核心，意指在价值链的各个环节都要“以用户为中心”去思考问题。虽然用户思维不是互联网时代的专利，但是在互联网蓬勃发展的今天，用户思维是格外重要的，是互联网思维中最基础、最重要的思维。作为以互联网为基础的远程教育，天生具有互联网基因，其发展不能脱离互联网思维。因此，用户思维是远程教育不可或缺的一种思维形态。伴随着远程教育的逐渐开放，以及远程教育竞争的激烈化，是否切切实实以学习者为中心将决定远程高等教育机构能走多远。

在用户思维中，最重要的切入点是提升用户体验。因为随着在线教育的迅猛发展，在线课程及在线资源已不是新鲜事物，也不再是能够支撑便捷、灵活、个性化学习的稀缺社会资源。无论是数字“移民”还是数字“原住民”，都已逐渐对在线学习司空见惯，在在线学习中得到的支持服务也越来越人性

化。如今，学习者对学习体验的期望越来越高。因此，现代远程教育的可持续发展需要注重内涵建设，有效运用现代信息手段，提升用户体验感，突出特色，彰显优势。这既是远程教育发展的内在要求，也是远程教育改革的重要抓手。

为提升学习体验感，除进一步加强以“内容为王”的资源建设，突出学习社群的建设外，将下列元素融入学习支持服务中，也是未来远程教育抢占发展制高点的重要方面。

（一）数据挖掘与学习分析技术

远程教育领域向来不缺数据。从学习者注册报名到毕业，每一个环节都可以产生数据，包括学习者的学籍信息、学习行为数据以及学习成果数据等。挖掘、分析、利用远程教育教学数据是一个新的研究方向，但是，文献研究和实践调研表明，远程教育领域的数据挖掘尚在起步阶段，对学习分析技术的应用还欠缺广泛的实证研究和成熟的应用案例。

事实上，随着在线教育的发展，尤其是微课热潮兴起后，教育领域的决策者、研究者和教师都非常看重学习分析技术，并将其视为实现个性化教育、促进教学方式变革的重要基础。

（二）增强现实与虚拟现实技术

增强现实技术和虚拟现实技术都可以丰富教育资源的表现维度，能够为学习者提供生动、逼真的学习环境，从而加速和巩固学习者的认知过程，让学习者通过亲自“经历”或“感受”与虚拟场景进行交互，便于激发学习兴趣、开拓思维、加深理解。增强现实技术和虚拟现实技术可以创造立体多元的学习场景，具有多感知性、临场感、自主性、实时交互性等特点，在以应用型人才为培养目标的远程教育领域有巨大的应用前景。

（三）游戏化学习

游戏化是指将某个已经存在的、具有一定核心和内在价值的事物与游戏机制相整合，以提升用户的参与度、投入感和忠诚度。游戏化学习将游戏的元素、方法和框架融入学习场景中，通过奖励、排行榜和奖章的方式调动学习者的积极性。游戏化学习能够激励学习者增加学习产出、进行创造性研究。

目前，游戏化已经被视为吸引用户参与到产品中的方法，市场中“游戏化”产品的数量正在不断增加。游戏化学习正得到研究人员和教育工作者的进一步关注，游戏已经跨越娱乐领域，渗透到教育领域，成为辅助培训和激励学习者的有效工具。通过游戏化策略推进移动学习已成为行业热点。游戏化学习是成人学习者利用碎片化时间进行学习、维持注意的黏合剂，尽管其仍处于萌芽阶段，但游戏化学习确实在远程教育领域有广泛的应用前景。

第二章　远程教育教学模式构建的理论基础与原则

任何教学模式都基于一定的理论基础。远程教育教学模式是近年学界较为关注的一个问题，但迄今未能形成一个较为统一而明确的宏观表述。本章分为教学模式的概念与内涵、现代远程教育教学模式构建的理论基础、现代远程教育教学模式构建应遵循的原则三部分。主要内容包括教学模式概述、关于教学模式内涵的研究、现代教学模式的发展趋势、人本主义学习理论等方面。

第一节　教学模式的概念与内涵

一、教学模式概述

（一）模式的概念

模式的词源意义是事物或行为活动的范本和标准样式。人们将模式定义为“依据实践活动及其思想与理论指导，表达事物或行为过程的一种模型或范式”。模式是一种模型。若把客观现实中事物的存在、运动及其联系称为现实原型，模型则是为了特定的目的对现实原型的一种简缩、概括、提炼的模拟。这种模拟不是简单的复制，而是要抽取本质，摒弃表象，保留其根本属性，且要高于现实，并具有同类问题或现象的一般特点，它是对客观事物与系统内部结构、关系和法则的再现。因此，一般可把模型理解为对研究对象的状态、结构、属性特征及其变化规律的概括、简化、抽象及本质的表示。模型既反映着问题的本质，又高于客观事物而具有同类问题的一般特点。

模式也是一种范式。范式是现代哲学中的重要概念，是一个科学群体普遍认同并运用的，由世界观、智信系统以及一系列概念、方法和原理组成的体系。人们总是依循范式来定义和研究问题。随着人们对研究对象与范式的认识的不断深化，新的理论和方法将不断出现，这样就会萌生新的范式，旧的范式则被取代，新理论将伴随着范式的发展而问世。

模式源于现实，但又能指导现实。从一定意义上讲，当把解决某类问题的方法上升成理论，就形成了模式。因此，模式是一种理论，经高度概括后，又以简约明了的方式表达出来，成为解决某一类问题的方法论。

（二）教学模式的概念

对教学模式的概念做如下理解：教学模式是建立在一定的教学理论指导下和丰富的教学实践经验基础上的，为设计和组织教学而形成的一套较为稳定的教学活动结构框架和活动程序。“结构框架”意在凸显教学模式从宏观上把握教学活动整体及各要素之间内部关系的功能；“活动程序”意在突出教学模式的有序性和可行性。

（三）教学模式的特征

教学模式的形成能够在一定程度、一定层次上解决教学过程中的诸多问题与矛盾，达到揭示教学规律，优化教学程序，完成教学理论与实践相结合的目的。

1. 可操作性

从操作层面看，教学模式是教学环节的连接，是教学步骤与方式的集合，能够动态反映教学活动的有序性，也可根据教学的需要对教学环节进行适当安排和灵活掌控。因此，当教学环节按不同时序出现时，就构成了不同的教学程序。可操作性包括操作技能与技巧，是教学理论的具体体现，是教学理论与教学实践之间的桥梁，教学模式具有示范作用，可被模仿，可被普遍运用于教学实践。

2. 开放性

教学模式不是一个封闭的系统，而是一个不断完善的、复杂的、动态的开放系统。开放性使教学模式不断地得以完善与创新。教学观念的更新、教学理论的发展、教学实践的深化等，都会使教学模式日臻完善，直至推陈出新。

3. 稳定性

从结构层面透视，教学模式有完整的结构与机制，是教学系统整体性能的体现，在空间上表现为多种要素的相互作用方式，各种教学要素之间因在教学活动进程中依附于某种教育思想和教学理论，而具有相对的稳定性。

4. 针对性

教学模式都有一定的适用范围与运作条件，有自身的作用与功能。超越教学模式的应用范畴或缺失条件都难以实现预期的效果，这说明任何教学模式均具有针对性。

5. 策略性

教学模式与教学实践相比，具有理论性与抽象性的特征，需要将其转化为教学策略与方法，才能用于教学实践。策略与方法的多样性、灵活性和创新性，给教学模式注入了活力。

6. 个性化

教学模式要体现教学的个性化与创造性，这是教学模式进入更高层次的表现。模式离开了个性与创造性就会变得僵化而流于形式，但个性不能脱离模式而独立存在。模式与个性的融合统一，能够使模式的作用发挥到极致，甚至能创生出新的模式。

（四）教学模式的结构

世界上一切事物和过程都有自己的结构。课堂教学当然也有自身的结构。所谓结构是指在某个系统范围内元素联系的内部形式，它包含着元素之间的相互作用、活动和信息往来。课的结构，就是指一节课的各个要素相互联系的内部形式，它反映了一定教材单元体系中一节课的教学过程及其组织。一堂课的结构是否优化，直接关系到课堂教学效益的高低，然而，人们对课堂教学结构的研究还不够充分。

教育史上有过两种影响深远的课的结构模式，即德国教育家约翰·弗里德里希·赫尔巴特（Johann Friedrich Herbart）提出的“四段论”和苏联教育家伊凡·安德烈耶维奇·凯洛夫提出的“五环节”。赫尔巴特把学生学习的内部心理过程，即“明了—联合—概括—应用”，视为教学过程的四个阶段，凯洛夫则用教师施教程序的五个环节，即“组织教学—复习旧课—讲授新课—巩固新知识—布置作业”取代教学过程。他们虽然分别从“学”与“教”两个不同的侧面来说明教学过程，但没有说明教学活动是学生在教师的组织指导下，对人类已有知识经验的认识活动和改造主观世界以形成和发展个性的实践活动这个本质，也没有反映出课堂教学结构的整体性特点。而凡是结构都是一种整体的存在，对课堂结构的分析，如果不表现出它的整体性，就不可能揭示出课堂教学的基本规律，自然也就不能从本质上说明它自身。事实上，这两种结构模式已远远不能适应现代教育教学的需要。

任何教学模式都有其内在的结构，教学模式的结构是由教学模式包含的诸因素构成的系统。完整的现代课堂教学模式结构一般包含如下因素。①主题。教学模式的主题因素指教学模式赖以成立的教学思想或理论。主题因素在教学模式结构中既自成独立的因素，又渗透或蕴含在其他因素之中，且其他因素也都是依据主题因素而建立的。②目标。任何教学模式都指向一定的教学目标，都是为完成一定的教学目标而创立的。目标是教学模式结构的核心因素，对其他因素有制约作用。③条件（或称手段）。条件因素指完成一定的教学目标，从而使教学模式发挥效力的各种条件。任何教学模式都只能在特定的条件下才能有效。条件因素包括的内容很多，有教师、学生、教材、教学工具、教学时间与空间等。④程序。任何教学模式都有一套独特的操作程序，会具体地说明教学的逻辑步骤、各步骤应完成的任务等。⑤评价。评价是教学模式的一个重要因素，它包括评价方法、标准等。由于不同教学模式完成的教学目标、使用的程序和所需的条件不同，因而评价方法和标准也就不同。所以一个教学模式一般要规定自己的评价方法和标准。

主题、目标、条件、程序和评价这五个因素相互依存、相互作用，构成一个完整的教学模式。一般地来说，任何教学模式都要包含这五个因素，至于各因素的具体内容，则因教学模式的不同而不同。

（五）教学模式的功能

教学模式作为教学理论与教学实践的桥梁和中介，一方面，能以简约化的形式表达一种教学思想或教学理论，便于被人们掌握和利用；另一方面，能够为教学实践者提供达到教学目标的条件、程序和活动方式，有利于改进教学过程、方法和结果。因此，总体上来说，教学模式具有实践和理论两个方面的功能。李如密将教学模式的功能具体表述为描述组建、咨询阐释、示范引导、诊断预测和系统改进五个功能。

1. 描述组建功能

教学模式筛选了行之有效的教学经验，经过概括和简化，组建为一种相对稳定的结构框架和活动程序，用来描述某一特定的教学过程所涉及的各种因素以及它们之间的相互关系。教学模式的组建往往围绕某一主题进行，这就使其具有强大的凝聚力和个性。经过教学模式构建的教学理论，不仅是浓缩和精炼的，而且还具有可行性、典型性和优效性等特点。

2. 咨询阐释功能

教学模式作为教学理论的简化形态，可以通过简明扼要的语言文字、象征性的符号和图形来阐释教学理论的基础及基本特征，使教师直观而迅速地把握和领会其精神，从而完成为实践者提供咨询的任务。教学模式的咨询阐释功能，有利于教学理论的普及与传播，成为教学理论的“宣传员”和“解说员”。教学实践者通过对教学模式理论要点的理解和操作要领的把握，增强自身驾驭教学模式的信心和选用教学模式的针对性，从而自觉接受教学理论的指导，克服教学实践的盲目性，增强教学实践的有效性。

3. 示范引导功能

教学模式为一定的教学理论应用于教学实际提供了较为完善、便于操作的实施程序。初任教师若掌握了一些常用的教学模式，就有了进行教学的常规武器，可以很快过渡到独立教学，从而大大减少因盲目探索、尝试错误所浪费的时间和精力。教学模式的示范引导功能，旨在教给教师教学的“基本套路”，并不限制或扼杀教师的创造性。教师在运用这些“基本套路”时，可以根据具体教学条件或情境灵活调整，形成适合教学实际的“变式”。教学模式的示范引导功能的发挥，对于青年教师尽快独立教学、学校教学工作规范化、正常教学秩序的建立等，具有非常重要的意义。

4. 诊断预测功能

教学模式的诊断预测功能是指教学模式能够帮助预见教学效果。通过对照教学模式的理论基础、功能目标、实施条件、操作程序可以对教学活动进行诊断，能够发现教学中存在的问题，如教学目标不明确、实施条件不具备、操作要领不规范等，查明原因即可快速改进教学。教学模式的实施必须具备某些条件，只要具备了这些条件，就必然会有某种结果出现。教学模式的诊断预测功能的发挥，可以有效地对教学过程进行控制和调节，使之朝着预期的方向发展，取得预期的教学效果。

5. 系统改进功能

教师通过应用教学模式，使教学活动过程系统化，构成一个整体优化的系统。为了适应新的教学目标，就要求与之相对应的教学条件、活动程序诸要素做一些改进，要求教师提高能力水平，以促进教学模式优化，直至以更有效、更完善的新模式取代僵化、落后的旧模式。教学模式的系统改进功能是建立在教学整体观基础之上的，它要求我们以整体、动态的眼光看待教学过程的模式优化、转换问题。教学模式的系统改进功能的发挥，可带动课堂教学、师生关系、教学评价、教学管理等教学领域的发展。

二、关于教学模式内涵的研究

（一）关于教学模式内涵的国外研究

美国教学研究者乔以斯（Joyce）和韦尔（Weil）于1972年出版《教学模式》一书，专门系统地研究了流行的各种教学模式。他们认为，教学模式是构成课程和课业、如何选择教材、提示教师活动的一种范型或计划。他们把教学模式定义为一种教学范型或计划。实质上，教学模式并不是一种计划，计划只是它的外在表现，教学模式蕴含着某种教学思想或理论，用“范型”或“计划”来定义教学模式显然将教学模式简单化了。

美国两位著名的比较政治学者比尔（Bill）和哈德格雷夫（Hardgrave）在研究了一般模式后下的定义是：“模式是再现现实的一种理论性的、简化的形式。”比尔和哈德格雷夫的模式定义有三个要点：第一，模式是现实的再现，也就是说，模式是现实的抽象概括，来源于现实；第二，模式是理论性的形式，也就是说，模式是一种理论，而非工艺性方法、方案或计划；第三，模式是简化的形式，也就是说，模式这种理论性形式是精心简化了的形式表达。比尔和哈德格雷夫的模式定义较为科学地揭示了模式的本质，是可取的。

（二）关于教学模式内涵的国内研究

国内关于教学模式的定义，大致有三种看法：第一种是认为模式属于方法范畴，其中有的认为模式就是方法，有的认为模式是多种方法的综合；第二种是认为模式与方法既有联系又有区别，各种方法在具体时间、地点和条件下表现为不同的空间结构和时间序列，从而形成不同的模式；第三种是认为模式与“教学结构—功能”这对范畴紧密相关，教学模式是人们在一定的教学思想指导下，对教学客观结构做出的主观选择。

当前国内有关教学模式界说，大致有下列五种。

①教学模式属于方法范畴。

② 教学模式和教学方法既有联系又有区别。

③ 教学模式与“教学结构—功能”这对范畴紧密相关。

④ 教学模式就是在一定教学思想指导下所建立起来的完成所提出教学任务的比较稳固的教学程序及其实施方法的策略体系。

⑤ 教学模式是在教学实践中形成的一种设计和组织教学的理论，这种理论以简化的形式表达出来。

确定教学模式的概念，既要考虑逻辑学对下定义的要求，又要注意吸收诸如系统论等新科学研究的成果，研究古今中外教育史上教学模式的发展规律，吸取现代教学模式理论的精华，并对教学经验进行分析、综合，只有这样，才能给教学模式下一个比较贴切的定义。

三、现代教学模式的发展趋势

（一）重能力趋势

以赫尔巴特理论为代表的传统教学论在强调系统、严格传授知识的同时，并不否定发展能力的意义。只不过它把发展能力置于次要的、从属的、“兼顾”的地位。赫尔巴特在否定以洛克为代表的“形式训练”论时，也走向了另一个极端。

现代教育家们不再在知识与能力两方面各执一端，相互否定。人们普遍认为传授知识与发展能力是教学的双重任务。随着终身教育的普及、社会竞争化程度和个人社会生活复杂化程度的提高，学生的一般能力、创造能力、社会交往能力等必将越来越受到人们的重视。人们在设计或归纳教学模式时，必将越来越重视能力。

（二）重学生趋势

可以说，任何一种有价值的教学模式都在某种程度上建立在对学生学习过程的认识上。不过重视对学生学习过程的研究，并不等于承认学生在教学中的主体地位。

在教育史上，19 世纪末至 20 世纪 40 年代的美国、20 世纪 20 至 30 年代的苏联，都犯有轻视教师主导作用、轻视系统严格的知识教学的错误。人们在认识到这个错误后，自然又在不同程度上向传统教育回归。在仓促的“回归”中，难免再犯轻视学生主体作用和能动作用的错误。于是，重视学生的主体地位成了当代教学模式的共同特征，一些教学模式甚至直接把承认学生的主体地位和能动作用作为建立和推广自己的理论体系的前提。

（三）心理学化趋势

随着心理学的发展，教学模式的心理学色彩越来越浓厚。古代的孔子模式、苏格拉底模式基本上不带心理学色彩；近代的赫尔巴特、乌申斯基（Ushinsky）等人则把教学理论与对学习心理的认识结合起来论述自己的教学模式；而现代的布鲁纳模式、巴特勒模式等，在某种程度上则是现代心理学的产物，具有开拓意义的算法教学模式、暗示教学模式等，如果离开了心理学的研究成果，不仅会失去价值，甚至不能成立。

现代心理学取得了可观的成就。现代心理学在认识的发生发展方面、在能力结构及其发展方面、在疲劳研究方面、在记忆原理方面、在心理语言方面、在暗示及潜能研究等方面，都取得了重大成果。随着生理学（特别是脑科学）和生物化学研究的不断深入，心理学必将更清晰客观地阐明人类的学习机制。从心理机制角度科学地设计和叙述教学模式，不仅是必然的，而且能够越做越好。

第二节 现代远程教育教学模式构建的理论基础

一、人本主义学习理论

以卡尔·罗杰斯（Carl Rogers）为代表的人本主义心理学派，其学习理论强调教学要发展学生的个性，充分调动学生的内在动机，并要求创造和谐、融洽的人际关系。这对于克服开放教育中学生产生的孤独感，具有一定的启迪作用和积极意义。人本主义学习理论主要有以下要点。

（一）提出了意义学习的学习观

罗杰斯认为对学习者真正有价值的是意义学习。它是指一种能够使个体的行为态度、个性在未来发生重大变化的学习。它不仅能增长知识，而且是一种与每个人各部分经验都融合在一起的学习。罗杰斯强调的是学习时学习者的整个身心状态与学习材料的关系，整个人都参与，并且左右脑共同发挥作用的学习才称为意义学习。

（二）人类生来就有学习的潜能

教育应以学习者为中心，充分发挥他们的潜在能力。人生来就对世界充满着好奇心、具有发展的潜能，只要具备了合适的条件，每个人所具有的学习、发现、丰富知识与经验的潜能是能够释放出来的。教师应由衷地信任学生能够发展自己的潜在能力，教育的目标应当以学习者为中心，充分发掘每个学生的潜在能力，使他们能够愉快、创造性地学习和工作。

（三）提供学习资源，创造良好的学习氛围

所谓学习资源是指有助于学生获得学习经验的资源，不仅包括书籍、杂志、实验设备等物质资源，而且包括人力资源——可能有助于学生学习和学生感兴趣的人，主要指教师。罗杰斯认为教师是学生最重要的资源，教师可以在不施加任何压力的情况下给学生以帮助，例如，可以向学生介绍自己所拥有的知识、经验、特定的技能。

在他看来，如果我们不把时间花在计划规定的课程、讲解和考试上，而是放在提供大量的学习资源上，那就能提供各种新的学习方式，使学生处于一种最能满足他们需求的学习环境。罗杰斯认为，应为学生创造良好的学习氛围，使学生在教学情景中感到自信、轻松和安全，这是实现以学习者为中心的教学的前提。

（四）构建真实的问题情境，提倡从做中学

罗杰斯极力提倡的学习方法是从做中学，是让学生直接面对实际问题、社会问题、伦理和哲学问题。但我们的学校教育正在力图把学生与生活中的所有现实问题隔绝开来，这给意义学习带来了困难。对任何教师来说，明智的做法是要发现那些对学生来说是现实的，同时又与所教课程相干的问题，以此构建真实的问题情境。

（五）强调学习过程中学生的主体地位，教师是学生学习的促进者

罗杰斯始终强调应以学习者为中心，教学过程应真正体现出学生的主体地位，而教师是学生学习的促进者，是“助产士”和“催化剂”。他高度重视学生的主体地位，并认为学生既有自己制订学习方案的权利和义务，同时也有自我探究、自我发现、自我创造、自我评价的权利。当学生能觉察到学习内容

与他的目的有关时，意义学习便发生了；当学生负责任地参与学习过程时，就会促进学习。

二、建构主义学习理论

建构主义本来是源自儿童认知发展的理论，由于个体的认知发展与学习过程密切相关，因此利用建构主义可以比较好地说明人类学习过程的认知规律。建构主义学习理论和建构主义学习环境强调以学生为中心，不仅要求学生由外部刺激的被动接受者和知识的灌输对象转变为信息加工的主体、知识意义的主动建构者，而且要求教师要由知识的传授者、灌输者转变为学生主动建构意义的帮助者、促进者。教师是教学过程的组织者、指导者，所以对教师的作用不应有丝毫的忽视。此外，以往有些观点认为基于建构主义的、以学为中心的教学设计主要是学习环境的设计，其实不然，更应该重视的是学生的自主学习本身。

（一）学生要成为意义的主动建构者

要求学生在学习过程中发挥主体作用须做好以下几点：

① 要用探索法、发现法去建构知识的意义。

② 在建构意义过程中要求学生主动去搜集并分析有关的信息和资料，对要解决的问题提出各种假设并努力加以验证。

③ 要把当前学习内容所反映的事物尽量和自己已经知道的事物相联系，并对这种联系进行认真的思考。“联系”与“思考”是意义建构的关键。如果能把联系与思考的过程与协作学习中的协商过程（即交流、讨论的过程）结合起来，学生建构意义的效率会更高、质量会更好。协商有“自我协商”与“相互协商”（也叫“内部协商”与“社会协商”）两种，自我协商是指自己和自己争辩什么是正确的；相互协商则指学习小组内部相互之间的探讨与辩论。

（二）教师要成为学生建构意义的帮助者

要求教师在教学过程中发挥指导作用。

① 激发学生的学习兴趣，帮助学生形成学习动机。

② 通过创设符合教学内容要求的情境和提示新旧知识之间联系的线索，帮助学生建构当前所学知识的意义。

③ 为了使意义建构更有效，教师应在可能的条件下组织协作学习（开展讨论与交流），并对协作学习过程进行引导，使之朝有利于意义建构的方向发展。

引导的方法包括：提出适当的问题以引起学生的思考和讨论；在讨论中设法把问题一步步深入，以加深学生对所学内容的理解；要启发诱导学生自己去发现规律、去纠正错误的认识。

三、“主导—主体”式教学理论

在“主导—主体”式教学理论中，教师是教学过程的组织者、学生建构意义的促进者、学生良好情操的培育者。学生是情感体验的主体，是知识意义的主动建构者。教材不是唯一的教学内容，通过教师指导、自主学习与协作交流，学生可以从多种学习对象（包括本门课程的教师以及社会上的有关专家）和多种教学资源（例如图书资料及网上资源）获取多方面的知识。教学媒体是促进学生进行个别化自主学习的工具。该理论兼取戴维·保罗·奥苏贝尔（David Pawl Ausubel）的“学与教”理论和建构主义的“学与教”理论之所长，弃其所短，既强调教师主导作用的发挥，重视情感因素在学习过程中的作用，又注重学生主体地位的体现，有利于创造型人才的培养。在该理论的指导下，能够将教师和学生两方面的积极性、主动性都调动起来。

由于能够有效地将上述两种理论结合起来，并取长补短，“主导—主体”式教学理论是比较理想的理论。它对现代远程高等教育产生了深刻的影响，主要表现在以下两点：第一，远程教育教学注重发挥学生的主动探索精神，重视调动学生的积极性和创造性，以及营造有利于学生进行自主学习的学习氛围；第二，在教学过程中，教师仍然起着重要的作用。在现代远程教育中，教师的这种作用主要是引导和帮助。例如，课前制订教学计划、合理组织教学活动、为学生提供充分的教学和学习支持服务、为学生获取教育资源提供正确有效的方法、在学习过程中与学生进行实时的交互沟通，等等。

第三节　现代远程教育教学模式构建应遵循的原则

一、深度融合的原则

互联网与远程教育的融合不能仅仅是形式上的教育—学习环境由实际向虚拟的转变，而是要在深入认识互联网内在本质的基础上，将网络技术充分应用于远程教育领域，使网络技术与教育目标实现深度融合。

二、有效创新的原则

网络技术在教育领域中的应用很大程度上突破了以往的教学条件局限，包括教学空间、教学时间以及教学载体等。因此，可以说，互联网这一形式有着深度阐述教育本质的功能及潜力，一定要对网络远程教育模式给予充分重视，这体现为两个方面：一是要注重及时地创新；二是要注重保证创新的有效性。

三、开放互联的原则

在“互联网 +”理念被引入教育行业内部之前，后者中的信息孤岛现象非常突出。这种信息阻塞问题十分广泛地存在于各教育机构之间、学员与学员之间以及机构与学员之间。此外，网络远程教育本身与其他行业之间也存在信息壁垒。但在“互联网 +”背景下构建远程教育模式，能够很好地解决前述两种问题，无论从远程教育的内部角度还是从其与其他行业间的关系角度来看，都能够实现开放与互联。

四、以人为本的原则

众所周知，教育的最直接对象即学员，而远程教育模式构建所遵循的一大基本原则即以人为本。这一原则的具体体现为，充分重视学员的使用体验，并将其体验感作为发现问题的重要途径。

五、稳定性和灵活性统一的原则

稳定是任何模式的基本特性，教学模式也是如此。一种教学模式的产生并非是在一次或几次教学过程中形成起来的，它是通过大量的教学实践活动总结和概括出来的。稳定性是教学模式的生命力的表现，它在不同程度上说明了教学活动中所蕴含的基本规律。之所以说实践教学模式不同于实践教学方法，是因为教学方法的稳定性相对较差，而且教学中的方法多半是综合运用的。

教学模式强调对多种方法的系统搭配，为完成既定的教学目标服务。教学模式一旦形成就会对教学实践具有较长远的指导意义。因此可以说，教学模式的稳定性是建立在对实践教学的普遍性、规律性的认识基础上的。另外，我们在强调教学模式的稳定性的同时，并不是说其是凝固化的或一成不变的。当代的教学模式一般都具有较强的针对性和目标性。随着社会的发展与变革，教学的目标和任务也必然会发生相应的变化。教学模式自身也应及时更新。教学模式是在特定的条件或教学环境下形成与发展起来的，它的稳定性是相对而言的，是一定的教学系统的结构与功能的统一。从构成教学过程的基本因素来看，学生的个性差异和年龄特征、教学方法与手段的发展等，都使得教学模式在教学活动中的应用呈现出灵活性的特点。

因此，在构建现代远程开放教育教学模式时，既要根据其共性特征确保具有稳定性，又要根据以学生自主性学习为中心的指导思想做到具有一定的灵活性。

六、时代性和发展性统一的原则

如果从历史的角度来考察教学模式的形成与发展，我们不难看出它具有时代性和发展性相统一的特点。教学活动是一种特殊的社会实践活动，它本身具有特定时代的烙印和痕迹。

从教学模式的基本结构上看，由于不同的时代或地域文化对教学的要求及对其培养的对象的素质要求不同，它们所设定的教学目标也各不相同，运用的教学方法、手段和策略自然也不同，因而在特殊的时代下，针对教学模式的结构与功能也应具有相应的特殊性。这就构成了教学模式的时代性的基础。

例如，传统教学模式一般是在校园内的课堂上由教师指导完成的，教学方法多采用“灌输式”或“注入式”。从历史的纵向上看，任何一个新教学模式的形成都是扬弃传统教学模式的产物，这就是我们所说的教学模式的发展性。所以，教学模式的时代性与发展性是相辅相成的，它们是教学模式运动状态的两种不同的表现方式。

七、开放性与个性化相统一的原则

教学模式反映的是一种稳定的教学结构和方法论体系，这个框架和体系是开放的。由于教学理论及教学过程中的诸因素会发生变化，教学模式的结构和功能也要做相应的调整，目的是为了实现或更好地实现既定的教学目标。这就是教学模式开放性的表现。如果教学模式保持封闭状态，那么它的生命力就难以延续，早晚会在教学实践中淘汰。教学模式的开放性是为了保持其结构始终处于有机状态，使教学效果达到优质化，发挥最佳的教学功能。

开放性的教学模式同时又具有鲜明的个性色彩。任何一种教学模式都有其明确的教学目标、相应的方法群支撑和自身的使用条件和应用范围。教学实践中不存在两种具有完全相同结构的教学模式。因此，不同类型的教学模式都具有各自的适用范围，在教学实践中切不可盲目套用。

八、操作性和理论化统一的原则

教学模式与教学经验是分不开的，但它又不同于教学经验；教学模式是一定的教学理论在教学中的展现，但它又不是教学理论本身。教学模式具有操作性和理论化相统一的特点，是联系教学理论和实践的桥梁，起到了一种中介的作用。从一定意义上说，任何一种教学模式都是一定的教学思想或教学理论在教学中的操作程式。

在构建现代远程教育教学模式时，一定要做好理论化工作，切忌只是一些具体做法的总结；同时要做到可操作性强，便于在教学实施过程中运用。

第三章　国外典型的远程教育教学模式

通过对国外典型远程教育教学模式进行简要介绍，从中吸取经验，力求为我国远程教育教学存在的实际问题提出有效的解决措施和途径，从而促进我国远程教育的创新与发展。本章分为美国西部州长大学的教学模式、英国开放大学的教学模式两部分，主要内容包括美国西部州长大学概述、美国西部州长大学的教学模式、英国开放大学概述、英国开放大学的教学模式等方面。

第一节　美国西部州长大学的教学模式

一、美国西部州长大学概述

关于建立西部虚拟大学的想法最早产生于1995年6月召开的西部州长协会的一次会议上。当时，鉴于各州面临高等教育财政预算削减和要求接受高等教育的人数增多之间的矛盾，美国西部各州的州长们认为有必要建立一种新的机构来应对现实的挑战。他们认为解决这些问题的最佳途径是利用网络和信息技术进行教育界、企业界和政府之间的合作。

1995年11月，在内华达州的拉斯维加斯城举行的西部州长协会会议上，成立了一个规划小组，负责统筹规划虚拟大学的建立方案以及财务等细节问题，并确定了创建虚拟大学的目的：① 提供一个电脑化信息交换中心，使学校和企业可以通过该中心为他们的远距离学习课程做广告；② 为企业提供一种培训职员的途径；③ 作为一所“真正”的大学，给那些学习的学生颁发证书。

此外，州长们还就如何推动各州高等教育资源的分享等议题加以讨论，并达成了共识，确立了“西部州长大学”的具体目标：① 提供美国西部各州人民接受高等教育的机会；② 降低成本，并共同担负经费；③ 允许各州人民利用传统教育体制以外的方式，如在家中或工作地点通过高科技手段获得知识与技能；④ 提倡以能力为本的教育；⑤ 研究制定较高的学习成就目标，以提高高等教育的质量；⑥ 提出新的教学评价方式，并取得传统大学的承认。

西部州长大学于 1996 年 6 月开始筹建，1998 年开始运作，西部州长大学为美国和世界几十所大专院校提供课程访问，招收美国 46 个州及 9 个国家的学生。西部州长大学为学生提供商业、信息技术和教育领域的副学士、学士和硕士共 38 个学位。

西部州长大学 2001 年获得全国的远程和职业委员会认证，2003 年同时获得 4 个地区的地区级认证。其办学宗旨是“独立地使用远程学习技术为州内学习服务，使用其他州的教学资源，而非发展自己本州的课程，单独授予学分和学位，强调能力为本。”西部州长大学全年招生，一个学期 6 个月，每月月初录取新生，学生每周用于学习的时间为 15—20 小时，生师比控制在 80 ∶ 1，学习不计算课程学分，学生通过竞争性测评才能继续学习。其形式是形成性目标测试、小论文和成绩任务等。

二、美国西部州长大学的教学模式

美国西部州长大学自建立以来就非常重视对学生学习结果的评价。学生的学习结果是指学生学习到什么知识，获得什么技能，他们的表现如何。为了对学生学习结果进行比较客观的评价与监控，该大学采取了以“能力本位评价”为核心的学习—测评—学习模式，即学生可以按照自己的兴趣和实际情况借助互联网上的各类资源进行学习，而后参加学校为其安排的能力测评，只有通过这个阶段的能力测评才能够进行下一阶段内容的学习。该模式强调以能力为本并重视学生的自主学习，其理论基础是查尔斯 · 魏德迈（Charles Wedemeyer）的独立学习理论。

为了有效地实施以“能力本位评价”为核心的学习—测评—学习模式，西部州长大学从教学资源、教学指导和教学评价三方面出发，全方位地为学生提供各种学习支持服务，满足学生各个方面的需求。

（一）教学资源

1. 课程资源

西部州长大学没有自己学校开发的任何课程，而是由近 50 个课程提供商（主要包括各高校、商业界和其他各种机构组织）联合通过“西部州长大学”

这一平台提供在线课程。该大学还与其他大学签订合约，各取所需的课程和学习资源，并在学校的主页上提供链接。学校提供 40 多门课程，包括教师学院、商学院等提供的副学士、学士和研究生课程。在学习过程中，学生们可以使用各种各样的学习资源与他们的导师就学习需求、背景、学习的优势和不足等进行密切的讨论，也可以通过远程课程进行独立学习，还可以利用那些通过商业模式获得的学习资源进行自主学习。

2. 书店和图书馆

西部州长大学设有书店和图书馆。因为西部州长大学属于一个完全的在线虚拟大学，所以书店是学校和在线购物的商业网站联合开办的，图书馆则是和其他大学共建的。学校的学生、员工、校友及友人可以通过学校的在线书店获得书籍、校服和其他东西。书店和学校的员工共同努力确保西部州长大学所有的学位课程需要用到的教材都能在这个书店里买到。

西部州长大学的中心图书馆每天 24 小时对学生开放，这是一个和墨西哥大学的中心图书馆合作的项目。

（二）教学指导

1. 入学前指导

在学生注册成为学员之前，学校会提供一个网上小测验，让学生检验自己是否适合参加远程教育。包括对课堂教学的依赖、对事情安排的条理性、自己的空余时间和对新技术的态度等。在测验结束之后，会立即反馈出对学生每道题目选择情况的分析，并且针对选择情况，指出该学生在远程学习过程中应该注意的事项并给予相应的建议。

2. 对新生的学习指导

学生在学校主页可以登录 My-WGU，这是学校提供给学生进行学习和交流的虚拟空间。在新生注册入学后，指导教师立即与学生进行实时联系，帮助学生设计和开展在学校的一切活动。在西部州长大学师生交互平台，任何时间都会有一位教师在线与学生进行交流，解答学生的疑问。新生注册的第一个月，学校的特别助教负责为学生介绍西部州长大学的“能力学习模式”，并介绍学校独创的“教育无边界”特色课程。这门课程旨在向学生介绍如何进行网络学习，使学生尽快地参与到集体活动和学习交流中来，并帮助学生根据其学术背景设计自己个性化的“学术行动计划”。然后，由指导教师正式接手学生，伴随他们直到学业结束。对于新生来说，指导教师的工作就是给他们提出建议，帮助他们学会自主学习。

在为期一个月的教育无边界课程中，学生可以一直与指导教师一起学习。通过了解学生原有的学术背景和职业经历，指导教师帮助学生设计最适合他们自己的学术行动计划，这将成为学生整个学习过程的“导航地图”。设计完毕后，学生们就可以按照这一计划开始学习了。

3. 对学习过程进行全程指导

在西部州长大学，几乎所有的教师都是学生学习的全程指导者。在学生的学习过程中，指导教师大约 80% 的工作就是给学生提出建议。指导教师根据学生的学习背景以及优势为学生提供最适当的学习资源（课程、独立研究模块等）。同时，由指导教师和学生一同决定学生是否已经进行了充分的学习而可以参加测评。随后指导教师将为学生安排有针对性的测评。在整个学习过程中，这一“学习—测评—学习”模式将反复向前推进，教师在全程中一直扮演学习指导者、教练以及学生的支持者等多种角色。

（三）教学评价

西部州长大学不聘任授课教师，学生在什么地点以及以何种方式学习由学生自主决定，关键是要通过外部考试以展示其能力。学生可以充分利用以前的工作经验以及在大学学习和生活的经验，结合刚刚学到的新技能来发展和展示旧技能，而不是上一节课，就能获得学位。在加盟“西部州长大学”的西部各州中，每个州都设有能力考试中心，对学生进行测试，并以此为依据颁发学位。

学生只有通过一个阶段的能力测评才能进行下一阶段内容的学习。能力测评可以根据学生的学习情况灵活地开展，其形式多种多样，包括绩效评估、形成性目标测验、论文测验和观察。

形成性目标测验是由计算机记分，其他测验形式是由外部专家按照学校规定的评分标准进行测评。学校要求学生在测验中心进行测试，为了保证测验的可信性，每个学生都要进行拍照验证。对于在西部州长大学学习的课程和通过的测验，虽然它们和其他大学开展的测验和课程等同，但是学生并不能够获得学分或者是等级评定，仅仅显示“通过”或“未通过”。通过评估的标准相当于在传统测验中获得的 B 或者是“Better”，表明“这个学生已经完全投入学习资料的学习中，为了培养能力积极地努力”。

第二节　英国开放大学的教学模式

一、英国开放大学概述

英国开放大学创立于 1969 年，并于 1971 年开始招生，由于最初完全通过电视和广播进行教学，又称为“广播电视大学”或“空中大学”。总部设在伦敦西北部的白金汉郡的米尔顿 · 凯恩斯新城，大学设有技术科学、文学、社会科学、教育学、数学与科学等 6 个院系，以开展本科教育为主，同时，也培养博士、硕士等高层次人才。为满足社会需要，开放大学还面向社会各类群体提供非学历教育，包括职后教育、职业技术教育与社会教育。

开放大学在全国有 13 个地区教育中心，该中心下设 300 多个教学点展开教学活动。经过 48 年的探索与发展，其已经成为世界上为数不多的几所国际巨型大学之一。

开放大学的多数学生均居住在英国，部分来自欧洲、非洲以及远东国家。其中不少学生（含大学部还有研究所）均是在校外来接受这种远程教学。该校有超过 1000 名学者以及 2500 名行政人员、业务人员和支援人员。自从创校以来，已经有超过 300 万学生修习过该大学所开设的课程。若从学生数量来说，它是英国本土及欧洲最大的学术单位，并且也是世界上最大的大学之一。公开大学作为全球所有学院进驻的重要学校，已得到美国各州高等教育委员会的资格评鉴，同时也是美国教育部还有高等教育委员会一致批准的院府。2018 年世界大学排名中，其在美国排名第 36 位，世界排名第 498 位。

2006 年 12 月 15 日之前，开放大学主要通过音频材料、互联网、基于光盘的软件和 DVD 上的电视节目进行教学，其教学材料来源包括内部和外部学术贡献者最初撰写的作品，以及获得许可使用的第三方材料。学生都能得到所在学习模块导师（助理讲师）的支持，他们通过电话或互联网为学生提供学习情况的反馈。2006 年开放大学加入了开放教育资源运动，越来越多的当前和过去的远程学习课程材料被免费发布。2013 年以来，开放大学已经建立了一个名为 Future Learn 的 MOOC 平台，其现在是英国最大的免费在线课程提供商。

刚开始建校时，第一任校长洛德 · 克劳瑟（Lord Crowther）就明确提出：开放大学有 4 大重要而长远的意义，体现在教育对象、时空、方法还有观念上。

相较于原来的封闭教育，开放教育除了转变固有的教育形式外，同时也对教育理念和内在思想做出了巨大的变革。利用通信技术以及支持平台，能够为学习者们提供跨越时空、丰富齐全的学习资料。

在开放教育中，“开放”指的是世界上所有人，在各个时空内，均可利用互联网挑选他们喜欢的课程资源进行学习，无须再受学校教育的限制。一是体现在教育对象上，教育活动是服务于任何人的，可以满足每个人的学习需求。二是体现在教育过程上，利用教学还有支持服务系统可以完全地放开整个学习过程，由学习者自行去掌控。三是体现在教育内容上，学校构建了学习资源中心来为广大学习者提供必要的课程资源。四是体现在学习方法上，期间，每位学习者均可结合个人的实际情形，挑选他们想要的学习方法。五是体现在教育观念上。借助信息技术，为现代教育注入新鲜的血液，挣脱传统教育思想的桎梏。开放教育改变了人类固有的学习模式、方法，让每个人都拥有受教育的可能，挣脱学习在时间还有地理条件上的限制，基于学习者的立场去确定科学的教学方法。

二、英国开放大学的教学模式

英国开放大学之所以能够成为世界各国开放大学的一个标杆，是因为其具有成功的教学模式。

（一）开放的教育理念

1. 学习机会的开放

只要你有求知欲，那么开放大学就会提供给你学习的机会。英国作为工业化传统强国，技术变革日新月异，社会对人才的职业知识和技能的要求也随之不断提高。在这种情况下，除未完成大学学业的学员外，跨专业学习、职业资格的准备学习等诸多压力也促使在职学员不断产生新的学习要求。在此情况下，英国开放大学的建立就非常应景。正如开放大学首任名誉校长克劳瑟在就职演说中阐明：“摆在我们面前首要的，也是最紧迫的任务是人的开放，是满足千千万万完全有能力参与高等教育学习的人们，他们因为种种原因没有得到机会，或者以前没有充分利用这样的机会，当他们意识到有此需要时为时已晚……不过我们的目标还要更宽更高，无论是谁，只要有不曾得到满足的高等教育需求，就都是我们服务的对象。在人的开放上绝没有任何限制。”因此，英国开放大学在入学政策上特色鲜明，无论其年龄、性别、职业、肤色、种族、国别、社会背景、经济条件、宗教信仰、政治立场、身体状况和家庭环境如何，只要有受高等教育的需求与愿望，都可以入学。据统计，英国开放大学每年承担着全国约 35% 的业余本科生的教学任务，学员年龄范围为 16—60 岁，其中 75% 左右的学生为在职成人，6% 为残疾人，非白色人种占 13%。学习机会的开放使开放大学成了无数人提高文化水平、改变命运的阶梯。

英国开放大学的研究生教育也是其重要组成部分。2009 年，英国开放大学有 15 万在册本科生，3 万研究生，其中包括为数不少的博士生。随着教育服务层次的提升，学习机会、对人的开放范围也就相应地增加、扩大。在英国开放大学的影响下，其他开放大学也大力发展自身的研究生教育。这也同时反映了英国开放大学注重自身建设，从师资建设、学科建设、科学研究等方面提高自己的开放能力。

2. 学习手段的开放

开放大学是信息技术时代的新型教育模式，时下信息技术的不断进步为教学手段的开放提供了技术和硬件基础。开放大学利用多种技术手段为学生提供全方位的服务，如传统的印刷技术、广播电视技术、录音录像技术以及现在的信息通信技术等，为学生提供了极为方便的远程学习服务。20 世纪 70 年代的英国开放大学还局限于本土的教学服务，到 80 年代逐渐从驻外英国士官扩大到众多驻外英国公民，到 90 年代开始全方位走向世界，从所有欧盟国家逐渐扩展到中欧、东欧，进而跨越大西洋和印度洋，拓展到美洲和亚洲。同时，这也促使世界各地开始创建开放大学，如美国的凤凰城大学、日本的放送大学、中国的广播电视大学等。

英国开放大学在成立之初提出的四大开放，其中学习地点和学习方法的开放是并举的两点。有学者认为正是由于其学习手段的开放，网络教学平台利用信息技术的种种便利，在顺应教学规律、满足学员个性化学习需求的前提下，实现了学习地点和学习方法的开放。它也实现了教学资源共享的便利，集成了电化教学、自主学习、虚拟学习、小组学习等多种学习模式和学习方法，使学员在学习地点、学习时间、学习方法上进行有选择的、自主的、有支持的学习。

3. 办学环境的开放

办学环境的开放很难被提到开放教育理念的研究中来。究其原因，主要是学习环境是开放教育的外部因素，不是内在的本质。然而，除去外在的学习环境，内在的本质也将不复存在。没有社会的认同、支持，没有政府的政策引导和资金支持，没有其他高校、教育机构的对轨并接，开放教育是很难存续的。

首先，开放教育不是独立的，是一种有延伸的高等教育，从高等教育一直延伸到终身教育，而这种延伸只有被其他高校和教育机构、考试机构等形成的学历文凭圈所认同，它才能实现学员学习层次的不断提升、实现学员学历文凭的认同，实现学员工作上的升迁、职业转换等。

其次，由于开放教育是一种补充的学历教育，是一种继续的终身教育，它本身也是一种公益事业，应社会发展所需，应职业化所需，应人的发展所需，是社会、企业和个人的共同需求，因而在政策上既有政府的引导之责，在资金上也有三方的承担之责。20 世纪 60 年代英国开放大学的创办，来自执政工党的强力推行，正是这种强力推行，使它的创办获得了财政部的大量拨款和教育科学部的高效支持。

英国开放大学的成功创办和发展，以其独特的理念和成就、民众的广泛支持迅速赢得了保守党的普遍赞誉，甚至有保守党人喊出“开放大学是英国高等教育皇冠上的宝石”的口号。在英国国内进入良性循环的开放大学也逐渐被其领导人四处推销传播至“远在万里之外的长城脚下”。

4. 质保体系的开放

英国开放大学自 1969 年创办之初就努力定位于“严格和全部意义上的大学——独立、自治、以与其他高校完全相同的标准自行颁授学位”，并在 40 多年的发展过程中，通过不断完善招生准入体系、课程体系、教学管理体系、技术保障体系和考核管理体系五大系统来充分保证其教学质量。在它的办学理念中，对人的开放，主要源于高等教育民主化和平等化的办学指导思想；高水平的师资队伍、全面的学习支持服务系统、课程质量监督和评估制度以及研究生导师组制度确保了高质量的教学服务；学习过程考核和终结性考试相结合的灵活考试标准、高质量的作业和抽查机制等形成的开放而严格的考核管理体系，保证了学习质量。

5. 办学主体的开放

英国开放大学是经皇家特许而筹办的，它的独立、自主有着坚实的法律保障，决策程序也带着法律规定的程序的独立性。这一独立性就决定了开放大学自身的办学、发展，可以遵循自己的方向。

（二）开放的办学模式

英国开放大学对区域学习中心实行垂直领导和直接行政管理，人员、财务都由校总部直接控制，权力相对集中，属于“中央集权，垂直管理”模式。建立了以校本部教学研究和管理体系为核心、以 13 个区域地区办公室和 260 个学习中心为环绕的高等教育创新体制，具有高效的系统运作能力，切实保障了教学工作和研究工作的整体质量。英国开放大学组织结构包含 7 大学院和 6 大体系，是整个英国开放大学的基本结构。

1. 科学的治理结构体系

英国开放大学治理结构体系的整体布局是十分科学的，主要包含三个层级。英国开放大学的总部主要负责行政管理、资源开发和学术研究等方面的工作，而具体教学和学习服务支持都是由各区域学习中心完成的。

2. 完善的课程教材体系

多媒体教材是传递教学信息和开展教学的重要载体，一直以来，英国开放大学非常重视多媒体教材的研制与开发。完善的课程教材体系建设既是远程开放教育工作的重要环节，也是提高远程教育教学质量的基础和保障。

3. 严格的教学管理体系

英国开放大学采用统一筹划、分级管理的原则，形成了一套从开放大学本部到各地方学习中心，从各地方学习中心再到各学习站点的纵向管理体系。学校本部主要负责课程建设、质量保障、后台支持等服务工作。全国各地的地区中心和学习中心的管理人员负责具体的教学管理工作。按照就近原则给每个学习站点分配学生，每个辅导教师大概负责 20—30 名学生，学生可以通过多种途径与教师进行有效沟通。

4. 健全的质量保障体系

质量是开放大学生存和发展的生命线，是开放大学建设成败的关键。开放大学建设必须坚持走内涵发展之路，把提高质量作为中心工作。英国开放大学教学与科研的发展依赖于严格的、健全的质量保障体系，其管理体系、课程建设和评估机制为提升教育质量提供了重要保障。

5. 良好的教学支持体系

英国开放大学的支持服务力求做到职业化，在全国一共分布了 260 个学习中心，同时聘请了一批兼职课程辅导教师。

6. 完善的教学服务体系

（1）开发优质板块式教材

① 编写和制作板块式教材，以适应学生的不同需要。开放教育从本质上来说，是学生根据自己的情况分阶段、分进度地把教师提供的以文本、影像、多

媒体等形式呈现的间接经验，构建成自己认可的信息，并经思维将其内化，再通过作业、论文、讨论等形式反馈给教师的体现学习行为个人化特征的过程。因此，如何为学习者提供多样性、可控性的教材，使不同学习者能够根据自身需要、个性差异选择适合自己的教材，使每一个学习者独特的潜能和价值都能够充分体现，就显得极为重要。

② 教材突出启发性、实用性、交互性的特点。真正意义上的开放教育是以学生为学习认知主体，通过对学习资源的主动寻找、探索、感知、筛选、归纳、概括、重组等交互性活动，建构探寻知识的意义的活动。英国开放大学的教材建设遵循为学生创设建构知识的机会的原则，在教学步骤的设计、实践环节、版面设计等方面，都从有利于培养学生的创造性思维能力和学以致用能力出发进行精心编排。

他们为学生提供文字、视频、音频等多种材料，包括陈述型、辅导型、反馈型等不同类型的教材。其中，文字材料安排有设问、答疑、自检等内容，以便考查学生领会知识、应用知识的能力，并且通过文字变化、格式变化、插图，突出教材重点难点；录音、录像以及近几年发展起来的网络和光盘课件，也多是采用讨论式、采访式等方法表现教学内容，启发学生主动建构知识、积极参与学习，同时通过把学生置于一种虚拟的现实情景中，训练学生学以致用的能力和应变能力。

（2）严格选拔培训教师

开放教育虽然是学生以教材等学习资料为依托的自主学习的过程，但是学生个体间的巨大差异不仅没有降低教师在整个教育活动中的重要地位，反而使其更加凸显。作为开放教育教材的设计者、教学组织的实施者和学生学习行为的引导者，教师的整体素质在开放教育的质量控制中起着非常关键的作用。

① 建立高素质的教师队伍。英国开放大学对教师进行严格的选聘。教师必须具有扎实的专业知识、丰富的教学经验，在教育心理学方面有一定的造诣，并具备一定的教学组织能力，掌握现代化的教育技术和手段。同时选聘的教师必须经过培训并有 2 年的试用期，由各地区学习中心负责监督，对无法胜任工作的教师及时辞退。因此，开放大学所聘教师一般都是各大学的优秀教师或某一行业、领域的专家、学者，其中 60% 的专职教师具有博士学位，其师资力量仅次于牛津大学和剑桥大学，在英国名列第三，兼职教师也都是从英国的各高校或研究机构中选聘的，其中不乏剑桥、牛津等名校的教师。

这些教师从各个方面对学生的学习给予全面的指导，为学习全过程提供良好的学习支持服务，而且由于这些教师在自己的专业领域中都有一定的建树，因此他们所具备的广博的学科知识和对学科发展前沿的敏锐洞察力，不仅能够激发学生的学习兴趣，满足学生的求知欲望，保证高水平的教学质量，而且还能提升科研水平。

② 加强对教师的培训和监督。高素质的教师队伍是开放大学高教育质量的首要保证，因此英国开放大学除了严格把握教师的入口关外，十分重视教师的职中培训及考核管理。

开放大学通过多种渠道对教师进行培训。教师被聘任后，一般要拿到两套培训材料：一套是职员手册，罗列了开放大学的各项规章制度；另一套是专门为从事某一课程教学的教师准备的工具书系列，其中包括教师从事某门课程教学所应具备的一般性和专门性的知识等。这就对教师提出了明确的工作要求，并督促他们在工作实践之余不断自我扩充和更新知识。总部专职教师一般利用学校假期直接从事教学活动，以此来了解学生情况，提高教材编写的质量。区域教学中心专职教师和兼职教师在每门新课开始前，还要到开放大学总部接受该课程组专职教师的直接培训。同样，经常组织教师参加课题研究、参加专题报告会等学术交流活动，更是开放大学促进教师成长的卓有成效的方式。

英国开放大学也通过多种方式对教师进行监督和评价。每份批改后的学生作业的拷贝会在学校各学院留底，学院根据作业批改的准确度和评语的有效度对教师进行评价，这是最常用的监督方式；学校定期邀请学科专家对教师工作提出改进意见，也是促进教师提高工作质量的有益方式；通过抽查、听课、向学生发放调查表等途径了解教师指导学生的情况，了解学生对教师的满意程度，并将具体意见反馈给教师，更是促进教师改进不足的手段。

（3）设置各类教学服务机构

开放教育覆盖地域宽广，教学场所零散，因此有效开展以信息沟通为基础的教学服务，必须以完善的组织机构为保证。英国开放大学在全国形成了由学校本部统一领导，地区办公室与各地学习中心层层管理、协调一致的教学服务体系，并通过各个机构所具备的现代化设施，形成辐射全国的多媒体教学网络。

① 图书馆。开放教育的目的不仅仅是使学生利用丰富的学习媒介，掌握学科知识，发展专业技能，更重要的是掌握独立自主的学习方法，学会学习，使学习终身化。为了达到这样的目的，仅仅依赖教科书、学习包等有限的课程学习资料，是远远不够的，扩展知识面更需要众多的补充材料。在此过程中，图

书馆发挥着重要作用。为了使图书馆充分发挥作用，可以从以下几方面着手进一步完善图书馆资源。

第一，图书馆使用培训。英国开放大学图书馆，从课程开始前一个月就可以开始使用。针对学生、员工，图书馆将会开展一定的数字化图书馆使用培训。学生或员工即使无法参与培训，也能够通过视频记录进行学习。在课程学习之前，相关支持服务人员会把培训信息通过邮件的方法，向学习者进行推送，以便学习者对培训主体、时间进行掌握。由于受到学校课程开始时间的影响，所以图书馆使用培训几乎每月都在循环进行。不同课程的开课时间有别，便于新生随时接受相应的培训，所以每月对培训进行一次循环。

第二，图书馆文献检索。在文献检索方面，目前英国开放大学图书馆主要有两种方法：第一种是 PDF 版；第二种是网页版。网页版学习者可以获得学校带来的诸多个性化服务，如打印、发送邮件、翻译、下载、听读等。因为学生的国籍有别，因此在阅读英文文献的过程中，可能存在困难。所以学校针对性地提供翻译服务，对英文文献进行自动化翻译，以满足学生的需求。目前可以翻译成的语言包括 40 种。

第三，图书馆人员配备。一般情况下，图书馆有员工 60 人左右，数量充分且员工学术素养高。

② 学校本部和“扩展校园”。英国开放大学的总部设在伦敦西北部的白金汉郡的米尔顿 · 凯恩斯新城。总部不仅对各地区学习中心进行直接的人员和财政管理，而且在招生、教学、管理、考试等方面统一负责、统一领导。总部设有教育技术研究中心、文字教材编辑出版部、音像教材制作中心等部门，负责多种课程材料的设计、制作和更新。同时，大学的理事会、评议会和各类委员会也开设于此，行使各自的权利。此外，英国开放大学各地学习中心一般都设址于当地的普通高校，以方便各类教学工作的开展，所以英国开放大学虽然没有自己独立的校园，但其“扩展校园”的规模毫不逊色于任何一所常规大学。也正是这“虚拟校园”“扩展校园”所形成的独特教育方式，吸引着越来越多的学生迈入开放大学的校门。

③ 各地学习中心。英国开放大学在英国本土设立了 13 个地区办公室，下辖 350 个分布于各地的学习中心。它们作为英国开放大学进行远程开放教育的基层组织机构，学生在以家庭为学习基地进行自主学习的过程中，通过多种信息技术设施设备，能够实现与学校和教师进行双向互通，学生在个体化学习的基础上，还能自愿获得个别化、个性化教学辅导和咨询服务，同时也是进行人

际交流的助学基地。

英国开放大学各地区学习中心不仅为学生定时、定点提供由导师主持的面授辅导，帮助学生深入领会教材内容，解决疑难问题，而且为学生提供导学资料，帮助学生掌握学习重点、难点，把握学科最新信息及学术前沿动态。与此同时，还定期召开学生座谈会，发放调查表，了解学生情况，听取学生意见。

此外，各地区学习中心都为学生提供了语音实验室、视听阅览室、音频和视频会议系统、网络教室等多媒体设备，方便学生利用现代化的教学设备，就近学习。通过数字化视听材料及放录设备的开放使用和租赁服务，通过以计算机为中介的会议系统，通过局域网、广域网、互联网，真正提升基于技术手段的教师与学生之间、学生与学生之间的多维双向交流服务。

（4）开辟多种教学问题解决渠道

如何更好地解决教学中，尤其是理科教学中的实践性环节问题，是开放教育的一个共性问题，也是一个难点问题，为此英国开放大学开辟了多种渠道解决这一问题。

① 设计科学技术课程的实验箱，或称家庭实验套件，把试验所需的专门的工具、器材、材料，作为教材的组成部分寄给学生或租给学生，方便学生根据教材中文字介绍的试验步骤，结合家中常用器具进行观察实验，完成实验报告。从开放大学率先成功地为理科基础课程设计了包括玻璃烧瓶、橡胶球等272 件器具和超过 77 种化学试剂在内的“特号”实验箱，到如今比鞋盒还小的费用低廉、安全性高、一次性使用的实验箱，英国开放大学开放的理科家庭实验也由被认为是异想天开发展到得到了广泛的推广应用。

② 对于需要通过复杂仪器和集体合作来培养的技能，开放大学坚持在本部和其他大学校园，举办远程学生轮流参加的“短期住宿学校（暑期学校）”，充分利用这些大学现成的实验设备、住房及专业辅导人员，开展实验教学活动。或者借用伙伴学校的实验室，方便学生就近在指定的学校做实验。

（三）弹性的课程与学分运行模式

“英国开放大学的课程质量水平之高被广泛称道，究其原因，完善的课程组机制是保障课程质量的核心竞争力所在。”在英国，既有学士、硕士、博士层面的高等学历教育，也有职业证书培训、技能培训以及培训教育的非学历教育。

开放大学的课程设置相对灵活，除了与不同层次的学历要求相匹配外，还具有弹性，具体体现在选课与学分调整上。

一方面，开放大学设置了自由的选课制度。学员可以在辅导教师与院方的指导下，在技术、文学、社会科学、教育、数学与科学等6个学院开设的各种课程中选择相应的课程进行自由组合，来制订个体的学习计划以获取学分，并且可以根据临时需要与学习情况对课程进行调整。

另一方面，则体现在学分互换上。在一定条件下，开放大学与普通高等教育的学分进行协议式共用。开放大学承认学员在其他学校所获得的学分；同时，开放大学还极力与部分学校达成协议，使得开放大学的学员在开放大学所获得的学分在申请英国其他大学的学位时也是有效的。这一协议为学员学习提供了极大的便利性。同时，开放大学还允许学员的学分保存多年，以方便学员在不影响工作、生活的前提下，自主协调地安排学习进度，从而获得自我教育。

第四章　我国现代远程教育教学模式的现状

随着时代的发展，以互联网为基础的新兴教学手段逐步成熟，由此产生的现代远程教育教学模式，在传统教学模式的基础上又具备了许多新的特点，但在实践中也产生了很多新的问题。本章分为现代远程教育教学模式的主要类型、现代远程教育教学模式、现代远程教育教学模式存在的主要问题三部分。主要内容包括国外现代远程教育教学模式的主要类型、我国现代远程教育教学模式的主要类型等方面。

第一节　现代远程教育教学模式的主要类型

一、国外现代远程教育教学模式的主要类型

目前，国外的远程教育教学模式主要有两种，即“资源式”教学与“活动式”教学。

（一）“资源式”教学：MOOC 教学模式

1. MOOC 教学模式的概念

“MOOC（慕课）”是“Massively Open Online Courses”（大规模网络公开课）的缩写，是由美国最先发起的一种大规模在线课程开发模式。学校将自己的课程录像、课件及参考资料等免费地、开放地在网上发布，学生可以自主选择进行学习。它旨在为学生提供高质量的网络课程，让人们不受地域和时间的限制，都能够得到一流的教育。edX（哈佛大学和麻省理工学院联合启动的非营利性在线课程项目）、Coursera（大型免费公开在线课程项目，由斯坦福大

学的两位计算机教授创办）、Udacity（私立教育机构，目标是实现民主教育）是 MOOC 的主要运行平台，被称为 MOOC 的“三驾马车”。

2. MOOC 教学模式的特点

MOOC 之所以发展得如此迅猛，得益于它的以下几个特点。

（1）大规模

它的一门课程的学习对象不再是几十人、几百人，而是上万人甚至高达几十万人，它对学习对象的数量没有限制。

（2）高质量

引领 MOOC 发展的是世界名校，它们致力于打造国际范围内的一流课程，使学生足不出户就可以享受到最权威的课程。美国排名前 25 名的大学中，已有超过 20 所开设了免费 MOOC 课程。

（3）灵活性

MOOC 颠覆了传授式的教学模式，它的重点由传授知识转变为解决问题。教师的讲解只有几分钟到十几分钟，而将更多的时间留给学生，使其消化吸收，解决问题，类似于“翻转课堂”。

（4）开放性

MOOC 打破了传统教育统一招生的局限，不分年龄、不分层次、不分教育背景，任何人都可以免费注册学习。

“开放”是一个充满民主、进步色彩的词汇，因此受到人们的欢迎，教育的公平和开放始终是我们追求的目标。MOOC 之所以在短时间内取得了这么大的成功，最根本的在于它的“开放”，它开放的不只是课程资源，更强调学习的过程。具体来讲，表现在以下几方面。

① 教育资源的共享和共建。MOOC 的初衷并非远程教育，而是实现课程资源的共享。因此，它在开放教育资源建设上有很多值得我们借鉴的地方。

首先，是以学习者为中心的课程设计。基于人的认知负荷和学习规律，MOOC 为学习者提供的课程一般时长在 5—15 分钟之间；课后提供线上作业，帮助学习者自我检测。利用游戏中的“通关”心理，规定学生在通过测试后方可进入下一阶段的学习，Udacity 将课程描述得就像游戏一样：“学生受到问题和小测验而不是讲课的轰炸，我们完全避免了枯燥的讲课。”

其次，是针对学习对象的课程优化。如今互联网行业最注重的就是“用户体验”，这一原则放在教育上，尤其是网络教育上仍然适用。学习者之所以对 MOOC 的课程感兴趣，是由于它的每一门课都是专门为在线学习设计的，学习者能明显感觉到教学团队针对在线学习群体对教学做出的优化，比如动态视频与幻灯片交替的课件设计、课程视频中穿插的问题设计等。

② 学习过程的开放。首先是学习过程的控制。“控制”并非限制学习者的学习行为，而是对学习者加以引导和激励。相关调查结果显示，55% 的学习者认为“缺乏学习毅力”是阻碍其完成课程学习的最重要原因。在 MOOC 的课程学习过程中，平台每周定时向学习者发送电子邮件，告知学习者本周课程的更新内容，对疑难问题进行统一解答，提醒学习者及时完成作业，指导学生之间进行作业互评等。学习评价标准要求学习者，如果想要获得证书，必须在作业、论坛讨论、阶段检测等环节都有积极表现。

其次是学习者的交互。MOOC 紧凑的学习节奏和过程性的考核要求促使学生在学习过程中及时地对课程和作业进行讨论。在课程进行中，MOOC 视频更看重学生的“可参与性”，它实现了课堂的“一对一”的“聊天”互动过程。教师在视频讲解中会提出各种问题，由学生做出回答，并由电脑自动批改，只有学生回答正确后视频才会继续播放。在课程结束后，MOOC 平台向学习者提供了统一的课程论坛，并且允许教师根据课程需要组织学生利用其他的社交平台进行交流讨论。学习者还可以通过这些平台寻找志同道合的同学自行组织线下的聚会。

最后是学习评价的多元。MOOC 采用了教师评、系统评、同伴评的多元主体评价，过程性评价，总结性评价相结合的评价方式。系统评的及时测验和通关学习的理念对提高学习效率十分有效；同伴评是由 Coursera 发明的专门为大规模在线教育量身打造的评价方式，现在已被广泛运用到 MOOC 中。即学习者会收到来自其他 5 位同学对自己作业的评价和打出的分数，并将这 5 个分数的平均分作为本次作业的最后成绩。关于同伴互评是否有效的疑问，Coursera 国际发展部部长称，他们通过实验发现，当 3 个人以上的评价发生时，他们评价的准确性与助教相似，当删除那些评价时间低于 1 分钟的学生评价结果而保留其他有效结果时，同伴互评的准确性比助教还高。

③ 学习结果的认证。在以 MOOC 为代表的“新”网络教育时代，传统高校、网院和 MOOC 的学分互认和转换成为必然趋势，但 MOOC 的学习成果认证一直是国际公认的瓶颈。MOOC 的这种学习方式很难确定学习是不是真正发生了，因此在目前来看，最大的难点是如何通过考试证明学习效果。

（二）“活动式”教学：开放大学课程模式

“活动式”教学的代表学校主要有美国凤凰城大学、英国开放大学、阿萨巴斯卡大学等。“活动式”教学模式的优点是可促进学习内容的更新、提升学生的学习能力。教师可根据不同的教学目标，采取不同的教学策略，分别从接受、发现、个体、群体 4 个维度进行教学设计。

教师对教学内容的设计要充分考虑学生的参与度，要积极引导学生回忆之前学习过的内容，并使之用通俗易懂的语言复述出来（接受）；教师列举案例应用到新学的知识中去，并鼓励学生自己列举相似的案例（发现）；教师通过与日常生活中的经验相联系，传授、比较、评价新观点，提醒学生将学过的内容付诸实践，在此基础上审视并学习新的内容（个体）；教师通过采访或与他人讨论的方式，了解学生的内心世界，与学生朋友式地相处，完成教学任务（群体）。

二、我国现代远程教育教学模式的主要类型

改革开放以来，特别是电大成立以来，我国现代远程教育在继承的基础上力求创新，形成了一些比较定型的、可行的或具有新意的教学模式，有的是国外教学模式的中国化，有的是各种教学活动方式的升华和概括。现代远程教育教学有教师、学生、教材、媒体 4 个要素，这 4 要素在教学过程中不是彼此孤立、互不相关地简单组合在一起，而是经过教师的优化形成彼此相互联系、相互作用的有机整体和稳定的结构形式（即“教学模式”）。影响较大的模式有以下几种。

（一）以集体学习为主的远程教育教学模式

讲授型模式来自传统的课堂教学模式，其可用于一定规模的学生在短时间内接受系统的知识技能培训，被认为是最经济的教学模式之一。在网络环境中，不仅可以利用网络所提供的功能进行“双主”（教师的主导作用和学生的主体作用）教学，而且不受传统课堂的人数、时间和地点的限制。正因为如此，基于网络的远程教学可以根据教师和学生登录网络的时间差异来划分为同步式讲授和异步式讲授，不同的方式也将采取不同的程序、策略和评价方式等。

1. 同步式讲授模式

同步式讲授模式是指分布在不同地点的教师和学生在同一时间登录网络，进行网络教学。这种模式的教学程序与传统的课堂教学相同，主要程序为：诱导学习动机—感知理解教材—巩固知识—运用知识—检查反馈。

在这种教学中，教师在远程授课教室中通过直观演示、口头讲解、文字阅读等手段向学生传递教学信息，网络将这些信息传递到学生所在的远程学习教室，学生通过观察感知、理解教材、练习巩固、领会运用等过程进行学习，借助一定的设备与教师进行互动，最后由教师对学习结果进行及时检查。教学材料及学生的作业可通过网络、通信等系统实时呈现和传送。这些材料通常以多媒体信息方式呈现，包括文本、图形、声音，甚至还有一些视频内容。

2. 异步式讲授模式

异步式讲授通常借助于网络课程和流媒体技术来实现。流媒体技术是边下载边播放的网络视频点播技术，这种技术可以在 Internet 上实现包括音频、视频的教师授课实录的即时播放。

在异步教学中，学生学习的主要方式是访问存放在 Web 服务器上的事先编制好的网络课程。这些网络课程的网页左边通常采用树状结构的布局（类似 Windows 资源管理器），右边显示出相应的章节内容，能非常方便地在课程结构中浏览课程的内容，与此同时，还能听到教师的讲授。这对网络课程的设计和开发有很高的要求，其中不仅要体现学科的课程结构，还要包含教师的教学要求、教学内容和教学评测等。这些材料可以是文字的，也可以是声音式的或视频式的，以利于学生按照要求进行自我检查。

在异步讲授中，当学生遇到疑难问题时，可以通过 E-mail 向网上教师或专家进行咨询，也可以通过 BBS、新闻组（News Group）或在线论坛等形式和网络上其他学习者进行讨论交流。

（二）以个体学习为主的远程教育教学模式

1. 自学辅导教学模式

1965 年，中科院卢仲衡教授根据美国程序教学专家伯尔赫斯・弗雷德里克・斯金纳（Burrhus Frederic Skinner）关于小步子和及时强化的原理，运用学习心理学中的适当步子的原则、即时知道结果的原则、铺垫原则、直接揭露本质特征原则、从展开到压缩原则、变式练习原则、按步思维原则、可递性联想原则、步步有根据原则这 9 条原则，对初中数学进行自学辅导的教学实验，把传统课堂教学的以教师讲授为主变为在教师的指导、辅导下以学生自学、自练和自拟作业为主，形成了“自学辅导”教学模式。

我国的远程教育，从第一代的函授教育到第二代的广播电视教育，甚至到第三代的网络多媒体教育，都离不开“自学辅导”这一基本教学模式，虽然其最初应用于义务教育，但它适合于远程教育，从我国远程教育诞生之时就已经采用了。

（1）理论依据

①“学会学习”的学习观。人们在知识总量不断增加的前提下，要赶上信息时代的步伐，自学能力的培养是关键。有了自学能力，无论知识更新的速度多快，科技综合化趋势如何加强，都可以运用自学能力去有效地掌握知识，实现终身学习。

②“教师为主导，学生为主体”的辩证统一的教学观。

③“独立性与依赖性相统一”的学生心理发展观。

（2）教学目标

① 培养学生强烈的自学兴趣和良好的学习态度，让学生主动参与学习，独立掌握知识。

② 帮助学生掌握自学的方法，养成良好的自学习惯，培养其自学能力和独立思考能力。

③ 培养学生系统整理知识的能力，以及科学运用知识的能力。

（3）教学程序

该模式的基本操作程序：提出自学要求—学生自学—讨论启发—练习运用—评价小结。教师辅导贯穿每一个环节。

（4）教学策略

① 教师角色与教学策略。在自学辅导教学中，以学生自学为主，教师扮演着“指导者与辅导者”的角色。教师的教学策略包括以下几方面：

第一，启发指导策略。教师通过启发引出问题，布置自学内容和要求，学生在教师指导下通过自学解决问题、掌握知识。辅导形式有点拨、讲解、追究、讲评、总结等。

第二，检查督促策略。学生在自学每一学习内容时，教师要通过观察、提问等形式检查学生自学情况，纠正其错误。该策略主要体现在小组教学、个别化教学和课堂练习上。

第三，辅导策略，它是指对各类不同学生进行不同程度的辅导，使他们均能在自学基础上得到提高。

② 学生角色与学习策略。在该模式中，根据学生在自学中的表现，区分出 4 种不同的思维品质，具体如下。

第一，敏捷而踏实（快而准）。

第二，敏捷而不踏实（快而不准）。

第三，不敏捷而踏实（慢而准）。

第四，不敏捷而不踏实（慢而不准）。

不同学生的自学方法和自学效果不尽相同，学生在自学辅导教学中始终扮演着“自学者”“问题解决者”“主动学习者”的角色。在自学过程中可以采用的学习策略如下。

第一，掌握阅读方法，如粗读、细读、精读的方法。制订自学计划，合理安排时间。

第二，养成良好的自学习惯。在自学基础上，针对教师拟定的自学提纲，从教材中找出答案；归纳各部分知识之间的关系；提出自学中的疑难问题；学会做自学笔记；学会使用工具书、参考书。

2. 资源型教学模式

这里提到的资源型教学模式其实就是指基于远程学习的“资源—专题—共同体”教学模式，下面对其进行具体介绍。

“资源—专题—共同体”教学模式，其实就是基于资源的学习和专题学习相互整合而形成的新型教学模式，是围绕着专题内容展开的依赖于资源的学习过程。在这个过程中，既强调资源的获取、选择、利用和评价，又强调提高学生解决实际问题的能力。

（1）特征分析

基于远程学习的“资源—专题—共同体”教学模式有如下特征：

① 强调基于资源的学习。资源是远程学习中学生的信息来源，也是他们熟知技术和掌握技术的关键。资源的运用受三个方面因素的影响：一是资源量的大小；二是使用信息资源能力的强弱；三是是否有使用信息资源的意识。随着信息技术的发展，信息资源急速膨胀，在浩如烟海的信息中找到对自己有用的信息，并对这些信息进行处理已成为现代人的一种基本能力。

② 注重多元知识的融合性。专题学习是针对学校教育学科过于独立提出的，因为一个专题可以与多门学科相联系，从而消除学科之间的孤立，使不同学科走向融合。同时，专题学习打破了课堂教学的局限，能够激励学生的思维模式走出课堂，达到开放和融合的境界。

（2）模式的关键环节

在“资源—专题—共同体”教学模式的形成和发展过程中，建立了一个虚拟学习共同体。

① 创设环境阶段。在创设环境阶段，专题任务的确定和学习资源的准备是两个比较重要的方面。由于学习共同体的学习必须围绕一定的专题任务来开展，因此，专题任务的学习要有一个共同的学习目标；而学习资源可以对学习共同体提供必要的支持，这些资源包括一些学习工具、交互工具和一些学习材料等。建立交互环境是非常必要的，学习共同体成员之间要借助一些现代的网络交互手段，如电子邮件、BBS、聊天室、有声聊天工具等实现同步或异步的交流，使大家能够相互认识、相互了解。

② 协调环节阶段。在创建完学习环境后，学习共同体的成员就要围绕共同的学习专题来展开学习活动。作为助学者，要鼓励学生之间进行交流和协作，适时地对他们的学习行为进行规范和指导，并对学习过程进行必要的调节和监控。在这个过程中，成员之间的学习关系进一步稳固，团体协作意识得到提高，成员之间有了积极的信息反馈，学生真正成为学习共同体的一员。

③ 调整实施阶段。在明确学习任务和角色分工之后，每一位学生都应先围绕这个专题展开相应的研究和学习；助学者应在学生的探究过程中对学生的学习方法提出有效建议，并给予适当帮助。

这个过程中，除了面对面的互动，学生还可以充分利用现代通信工具，如电子邮件、BBS 等进行交流。教师在这个过程中要加强引导和进行示范，以保证学习的正常进行。

④ 成果展示阶段。在协作的基础上，各任务组按角色分配完成相应的工作。首先由组长汇报任务的完成情况，对本组的探究成果进行现场展示和说明，包括作品的设计思路、活动的开展情况以及有待解决的问题等，然后学习共同体其他成员可以通过角色扮演以及辩论等方式做进一步的展示和交流。

⑤ 评价反思阶段。在共同学习完成的时候，达到一定的目标是必要的。学习共同体成员应与既定的共同目标进行比较，运用现代化的评价统计工具，如档案袋评价和 SPSS 统计等，找出差距和不足。教师充分运用过程性评价和总结性评价方式，并结合学生的学业成绩对他们的表现做出一个恰当的评价。在教学效果价值取向方面，评价应关注学生的问题意识、反思能力和探究能力。

3. 掌握教学模式

掌握教学模式来源于本杰明・布卢姆（Benjamin Bloom）的掌握学习教学程序，他认为每位学生都可以掌握所学知识，达到预期目标的一种教学模式。其基本思想是根据学习者的心理特征和个别差异，采用不同的教学方法，选用不同的网络教学资源，分配不等的教学时间，设计不同的教学进度，使学生能按自己的方式学完全部教学内容。

其基本教学程序：① 划分教学目标；② 确定并细化对应目标的单元学习任务；③ 选取教材与教法；④ 诊断性测验；⑤ 对未达到目标者进行相应补习；⑥ 终结性测验并评价教学效果。这种教学模式要有针对每个单元的诊断性测验；要确定对应目标的单元学习任务；要对学习者的学习进度提出有利建议。

4. 案例教学模式

案例教学是从案例的应用和研习中获得解决问题的具体方案，围绕教学目的精选案例，将之编成教案，教学时通过展现其中的矛盾，启发学生进行学习、研究，促进知识的迁移和应用。

由于网络上信息资源的连接、复制和共享十分便捷，便于建立案例库，因此网络环境下的案例教学更适宜学习者的主体活动，有利于培养学习者分析研究问题的能力。此外，案例学习会促进学习者关心社会，将理论与实践联系起来，学会从多层次多渠道去获取和更新知识。在强调素质教育的今天，这种模式开始受到人们的广泛关注。

5. “问题—解决”教学模式

（1）模式内涵

① 相关概念。问题是指在一定的情境中人们为满足某种需要或完成某一目标所面临的未知状态。它与两个概念紧密相关——问题情境和问题解决。

问题情境可理解为具有特殊意义的教学环境。从客观来讲，它可以是现实中的生产、生活材料，也可以是本学科的问题，还可以是其他学科的相关内容等。从心理层面来讲，问题情境可以视为发现一个未知目标而现有知识和能力又不能解决的矛盾心情。

问题解决就是某一目标从未知状态到已知状态的发现过程，它包含着一系列的认知和探究活动。问题解决的过程简要地分为创设问题情境、发现问题、分析问题、提出假设、验证假设和解决问题 6 个阶段。

② 模式理解。基于远程学习的“问题—解决”教学模式是以网络为教学平台，充分利用网上的多媒体教学资源，以学生的问题为中心，通过教师和学生之间的教学活动，引导学生发现问题、分析问题、创造性地解决问题，让学生理解和掌握知识，实现教学目标，最终使问题得到圆满解决的教学方法。

由于问题贯穿于远程教学的整个过程之中，因此教师可以在各环节创设问题情境，以问题的发现、分析、探究和解决来激发学生的学习兴趣和求知欲望。在问题情境的引导下，学生收集素材和资料，深思酝酿，提出假设，引发争论，进行批判性思考和实验探究，得出结论。这种教学模式能够为学生创造良好的学习场景，有助于学生建构扎实的知识基础，从而使学生的批判性思维和创造性思维得到提升和发展。

（2）特征分析

基于远程学习的“问题—解决”教学模式有如下特征。

① 是以问题为中心的学习方法。基于问题的学习模式就是让学生处于问题情境之中，从未知的不同知识层面引出问题，在隐性的知识背景中制造问题，在理论与实践的融合中寻找问题。这一程序中教师不仅要鼓励创新，而且应帮助学生设计不同类型的问题，形成一系列的关联问题。

② 增强了学生的探究能力。问题教学的实质是仿照科学家探究未知知识领域的途径，让学生发现并提出问题，最终目的是使学生学会多角度、多层次地分析问题，寻求解决问题的方法；并在解决问题的过程中，积累探究问题的经验，提高分析问题和解决问题的能力。

③ 网络平台提供了丰富的信息资源。这种学习模式强调信息资源的开发和使用，其目的在于使学生的横向知识面更宽阔，丰富的网络信息资源能够改变学生的观察视角，使其看问题的角度更加客观和敏锐，同时也能够锻炼他们在具有海量信息的网络资源中搜索、发现、分析、整理、加工和利用信息的能力，从而提高学生的信息素养，培养学生的创新意识。

④ 教师成为辅导者和引导员。在远程教育中，如果忽视了对虚拟学习环境的设计，学生就只能被动地回答辅导教师提出的问题。所以，教师要充分利用现代远程教育的学习支持服务系统，突出教学过程中交互的重要性，采用网络平台的交互功能来实现对学生的辅导和引领，及时有效地对学生进行监控和评价。

（3）模式的建构模型

在这一教学模式中，学生以小组为单位，由发现问题作为模式的开始。学生通过多种途径分头查找资料，然后相互交流，并讨论如何用所获得的知识来促进问题的解决；在教学活动进程中，教师通过“人—机”交互或“人—人”交互的手段，让学生自主探索、思考和发现，让每一位学生实时体验问题的发现和解决过程。

该模式的实施过程，既发挥了教师的指导作用，又充分体现了学生的主体作用，同时也让学生在学习中认识到学习结果是他们自己发现或“创造”出来的。

（4）模式的关键环节

① 创设情境，发现问题。教师创设一个恰当的问题情境，把学生按照一定的方式进行分组。首先由小组的成员交流讨论，形成一个思路，然后学生们需要反复交流思想、查找资料，最后确定要探究的主题。

② 分析归纳，提出假设。在确立问题后，需要收集相关的材料来论证主题内容。各小组围绕选定的问题，收集与其有关的内容；对已获得的信息进行分类整理、分析、比较；对存在疑问的方面，可以提出假设解决途径。

③ 自主探究，相互协作。学生带着问题进入探索过程，首先由教师提供各类学习资源，然后让学生自己去分析。探索过程中教师要适时提示，帮助学生沿概念框架逐步提升。在自主探索的同时，还要借助小组学习和团体协作学习的方式，以消除学生学习过程中产生的孤独感。学生在解决问题的过程中可以通过查询资料、相互讨论以及自我反思而获得和理解知识。

④ 验证假设，总结提升。各小组确定出验证课题所需信息的呈现方式，如文字、图片、动画或声音、视频等形式，总结并归纳出问题的解决方法，并在学习平台上进行交流。最后，小组集体拟订出问题解决方案。教师通过问题再现，诱发学生的探究欲望，使其明确所探究的问题，产生对相关知识的理性认识与思考。

⑤ 教师反馈，学生反思。当问题得到解决后，学生可以通过各种方式提交学习成果，以供教师做适当评价、总结和建议。教师将学习评价的结果和建议反馈给学生后，学生需要对自己的学习过程进行自我反思和总结，进而提出新的问题。

教师可以充分利用网络平台的评价功能，对学生解决问题的过程进行监控、评议和反馈；学生也可以使用 BBS、Blog 等形式发布学习体会和自己制作的学习资源，最后上传形成的解决方案和研究成果，与大家共享。

（5）模式过程的反应原则

从专业课程开始，可以逐渐采用基于问题学习的教学模式，通过实例让学生解决具体问题，在解决问题的过程中加深对问题的理解；另外，通过沟通交流，学生可以看到问题的不同侧面和解决途径，从而对知识产生新的学习兴趣。

远程学习平台为学生提供了一个良好的交流环境，学生的心理压力变小，学生可以同与自己观念相同或不同的同学结成小组，并在小组学习中充分利用自身或者其他同学的资源，在网络所营造的开放、共享的环境中，提高学习兴趣，提升学习成就感。突破书本局限的特点，使学生实现了对学习方法的改进，甚至是创新，最终实现自身学习能力的提高。

6. 探索教学模式

所谓探索教学是使学生成为教学的主体，从而自主地、创造性地学习的一种教学模式。其教学程序：① 由教育机构（如中学、大学或研究机构）设立适合特定学生解决的问题；② 通过网络向学生发布问题，要求学生解答；③ 提供大量与问题相关的信息资源供学生在解决问题的过程中查阅；④ 专家负责对学生解决疑难问题提供帮助。探索学习模式有四个基本要素，即问题、资料、提示和反馈。这种教学模式彻底改变了传统教学过程中学生被动接受的状态，使学生处于积极主动的地位，因而能有效地激发学生的学习兴趣和创造性，所以在我国有广阔的应用前景。

（三）以小组学习为主的远程教育教学模式

1. 小组讨论学习型教学模式

讨论学习是指学生在确定的主题范围内，通过和教师、同学讨论交流完成学习任务和巩固学习内容的一种教学模式。其教学程序：① 领域专家或专业教师在站点上建立相应的学科主题讨论组；② 学生在自己学习的特定主题区内发言；③ 针对别人的意见进行评论。这种教学过程必须由具有特权的领域专家监控，以保证学生的讨论和发言能符合教学目标的要求，防止讨论偏离当前学习的主题。讨论学习模式根据讨论的实时性可分为异步讨论和在线讨论两种。

（1）异步讨论

其教学程序：① 围绕主题设计能引起争论的初始问题；② 设计能将讨论逐步引向深入的后续问题；③ 教师通过提问来引导讨论，切忌直接告诉学生应该做什么（即不能代替学生思维）；④ 对于学生在讨论过程中的表现，教师要适时做出恰当的评价。

（2）在线讨论

教师在讨论过程中应认真、专注地倾听每位学生的发言，及时对其提出的问题进行正确的引导；要善于发现每位学生发言中的积极因素，并及时给以肯定和鼓励；要善于发现学生对概念认知的不准确之处，并及时运用易于学生接受的方式指出（切记使用容易挫伤学生自尊心的词语）；在讨论开始偏离教学内容或纠缠于枝节问题时，要及时进行正确的引导；在讨论的末尾，应由教师（或学生自己）对整个协作学习过程做出小结。

在 Internet 上实现讨论学习的方式有多种，最简单实用的是利用现有的电子布告牌系统（BBS）。这种系统具有用户管理、讨论管理、文章讨论、实时讨论、用户留言、电子信件等诸多功能，因而很容易实现讨论学习模式。

这种模式一般是由专职教师监控，即由各个领域的专家或专业教师在站点上建立相应的学科主题讨论组，学生可以在自己学习的特定主题区内发言，并能针对别人的意见进行评论，每个人的发言或评论都可以即时地被所有参与讨论的学习者所看到。

这种学习过程必须由具有特权的领域专家监控，以保证学生的讨论和发言符合教学目标的要求，防止讨论偏离当前的主题。

2. 小组协作学习型教学模式

在教学过程中，仅强调个别化学习是不够的，因为有些学习任务、学习目标的完成需要更多的动力群体和交互作用。协作学习的主要思想是以小组的形式去共同完成某项学习任务，它以人本主义学习理论和建构主义学习理论为理论基础。

协作学习模式是指在教师的指导下通过小组形式组织学习者进行学习的模式。在协作学习中，学习者借助他人的帮助，实现学生之间的互动交流，并利用共享的学习资源充分发挥其主动性，进行知识建构。协作学习强调的是学习者之间的互动性、自主性。

基于计算机网络技术的现代远程教育系统可以提供许多功能，为实现协作学习提供了技术支持。利用 MSN 和 E-mail 等可以实现远距离学习者之间的沟通和交流；利用 BBS 等功能，还可以实现远距离的合作与竞争。

协作学习模式的优点：能够产生团体氛围，发挥集体合作的协作效应；有利于健全人格和情商培养，以补充个别化学习的不足；能够较好地将现代多媒体技术与传统课堂教学的优势结合起来。

该教学模式一般要为学习者构建一个基于真实问题或项目的网络环境，学习者以小组为单位，通过协作解决问题或进行项目开发，从而达到学习知识和技能的目的。这种模式在协同学习的基础上，汲取了“基于问题学习”的特点，能够激发学习者的能动性和创造性。

（四）以虚拟环境为主的远程教育教学模式

以虚拟环境为主的远程教育教学模式是不同于上述几种模式的一种崭新的教学模式，代表着现代远程教育的一个发展方向。

虚拟环境学习是依托计算机的“虚拟现实”技术来实现的。虚拟现实（简称 VR），又称灵境技术，是以沉浸性、交互性和构想性为基本特征的计算机高级人机界面。它综合利用了计算机图形学、仿真技术、多媒体技术、人工智能技术、计算机网络技术、并行处理技术和多传感器技术，模拟人的视觉、听觉、触觉等感觉器官功能，使人能够沉浸在计算机生成的虚拟境界中，并能够通过语言、手势等自然的方式与之进行实时交互，创建了一种适人化的多维信息空间。

使用者不仅能够通过虚拟现实系统感受到在客观物理世界中所经历的“身临其境”的逼真性，而且能够突破空间、时间以及其他客观限制，感受到真实世界中无法亲身经历的体验。该技术在 20 世纪 90 年代得到较快发展，应用于教育培训、军事、航天、工业、建筑设计、文化娱乐等方面。

目前的虚拟环境教学还处于初级阶段，理想、成熟的虚拟教学环境有待于高科技领域的技术突破。但毫无疑问，一旦技术成熟，虚拟环境学习将成为远程教育的一种重要的教学模式。

不同的教学模式有其一定的适用范围和条件，但每种教学模式也都有它固有的缺陷。因此，在教学实践中并不存在“最佳教学模式”，必须采取多种模式的综合，才能达到最佳的教学效果。

随着现代远程教育的不断发展，新的教学模式还将不断涌现。有的是在原有教学模式基础上进行综合衍生而形成的，有的是伴随新理论的产生而出现的。需要强调的是，应当根据教学目标、教学内容、对象、环境等因素，有针对性地采用合适的教学方法，以获得最佳效果。机械地使用某一种教学模式是不可取的。

第二节　现代远程教育教学模式

当今时代，科学技术迅猛发展，人们对远程教育的需求日益突出。科学技术的迅猛发展，要求人们从单一的学校教育走向终身学习、在职学习和在岗学习。人们对现代远程教育的需求已不仅仅着眼于地域上的灵活性，而更多的是着眼于在学习时间、学习内容和学习进程上有更多的灵活性和自主权，这一需求在一些经济发展比较快的大型城市中尤为突出。

在这种背景下，“现代远程教育工程”在实施过程中应全面考虑人们在个别化学习方面的新的需求，建立一种新型的可以适应任何人在任何时间和任何地点选择任何内容进行学习的教育模式。

已公布的中国教育与人力资源问题报告——《从人口大国迈向人力资源强国》提出，在全面建设小康社会的进程中，应该建立一个无人不学、无时不学、无地不学，全民学习、终身学习的学习之邦。它是全面建设小康社会的目标，也是中国社会持续发展的重要手段。

现代信息与通信技术的迅速普及为创建新型教学模式提供了良好的条件。从远程教育的发展史中，我们看到，现代学习理论的不断深化和教育技术的不断发展，使远程教育获得了可以持续发展的源头活水，并始终体现着教育的先进性和时代特征。远程教育只有在实践中遵循学习理论，在现代教育技术的支持下发挥自身优势，才能够具有强大的生命力和广阔的发展前景。

“三代信息技术”与“三代远程教育”的划分更是体现了技术发展对远程教育的无与伦比的意义。20 世纪 90 年代以来，以数字化、多媒化、网络化、智能化为主要特征的现代信息技术给远程学习带来了新的发展机遇，也为高校创建灵活多样的教学模式提供了良好条件。

如今，在国际远程教育界，随着新技术的广泛应用，一种普遍的趋势是以开放学习来代替远程教育，更多地强调基于资源、特别是基于计算机网络的开放灵活学习。在国际开放与远程教育界，从理论到实践，对以学生为中心和以学习为主这两点几乎没有反对者，个体化学习和协作学习是受到重视的两种模式。这并不意味着降低教师的职责，但确实意味着教师和学生角色的转换和教与学模式的变革。

与传统的教学模式相比，我国的远程教育教学模式在教育理念、教学管理以及教育形式等方面均产生了深刻的变革。基于灵活式、开发式以及拓宽式的特点，远程教育教学模式对于处于快节奏的青年学生来讲，成了一种更易被接受的高效的学习模式。

长期以来，政府相关部门十分重视远程教育教学的发展情况，并根据我国国情出台了诸多纲领性、指引性的文件。截至 2020 年，我国已有七十余所高校开设了远程教育教学实验点，实现了逾一百万的学生能够通过远程教育教学开展对工科、理工及文科专业的学习。此种方式已经成为我国普及教育的重要手段，今后必将得到更加长远的发展。

第三节 目前远程教育教学模式存在的主要问题

一、远程教育内容问题

（一）主要问题

1. 教育内容与传统教育差别较小

在我国目前的远程教育教学模式中，教育内容具有沿袭传统教育教学模式的特点。

从函授教育模式到计算机网络模式，这种现象十分普遍。近年来发展迅速的计算机网络模式在学习方式上给了学习者更多自主选择的权利，但在教育内容上缺乏创新。从教育部批准的首批开展现代远程教育试点工作的院校到后来开展远程教育的几十所其他普通高校，无一例外地没有一家在教学计划和课程内容设置上针对不同的学习者设计了可供选择的多种教学计划方案，因此高度统一的教育内容使得现代远程教育如同传统教育的翻版。

2. 重智育轻德育

在出台的《国家中长期教育改革和发展规划纲要（征求意见稿）》中明确提出坚持德育为先，把社会主义核心价值体系融入国民教育全过程；加强马克思主义中国化最新成果教育，引导学生形成正确的世界观、人生观、价值观；加强理想信念教育，坚定学生对中国共产党领导、社会主义制度的信心；加强民族精神和时代精神教育，增强学生爱国情感和改革创新精神；加强社会主义荣辱观教育，培养学生团结互助、诚实守信、遵纪守法、艰苦奋斗的良好品质，把德育渗透于教育教学的各个环节，贯穿于学校教育、家庭教育和社会教育的各方面。

德育是学校教育体系的重要组成部分，对学生的培养成才起着重要作用，德育也是素质教育的重要组成部分，发展德育是素质教育的要求。李岚清同志曾说："素质教育从本质上说，就是以提高国民素质为目标的教育。"

在传统的教育中，教师和学生普遍关注的是智育的发展，评价多是针对智育进行的，而对德育却很少涉及。现代远程教育教学模式沿袭了传统教育的教学模式，在如何提高受教育者的认知能力，满足他们对理论知识及技能的需求方面做着不懈努力，但普遍存在忽视学习者思想道德修养的现象。

即使是在已开设的课程中，德育教育也仅限于“马克思主义哲学理论”“毛泽东思想概论”“邓小平理论”“三个代表重要思想”等理论性比较强、比较抽象的纯书本知识。

对德育成绩的考核与智育相同，以笔试成绩为主，容易造成学习者为考试成绩而进行德育学习的现象，这与培养学生的高尚道德情操，以及良好的人生观、世界观的出发点相背离。虽然由于现代远程教育中师生处于准永久性分离状态，使得依照传统教育的方式在远程教育中实施道德教育有一定的困难，但这并不意味着可以忽略道德教育。

3. 课程设置趋同

在我国目前高校网络教育学院开设的专业中，排名前五位的热门专业依次是会计学、工商管理、英语、土木工程、护理学。现代远程教育设置的课程多是社会需求量较大的热门课程，各高校网络学院在教材的选择、课程内容设置方面也趋于相同。虽然，在短期内解决了社会经济发展所需的专业人才，适应了社会的需求，但从长期来看，这种重复建设不仅带来了资源的极大浪费，而且会导致几年之后出现一些专业人才供过于求的局面，不利于我国教育事业的发展。

（二）原因

与传统的教育相比较，远程教育学习者的背景较复杂，个性差异大，对学习内容的要求多样。因此，我国远程教育的发展必须既能满足学习者个别化差异，又能提供符合社会需求的学习服务。远程教育的教育内容必然要充分满足这种需求，既具有较广泛的适应性，又要满足学习者之间的差异性。然而，在目前的教学模式中，还无法满足远程教育自身发展的要求。

二、网上学习效率问题

（一）主要问题

远程教育，不论其理念还是技术，不能说不先进，但学习者的自主学习效率并不理想。主要表现在以下几个方面。

1. 学习时间利用率低

随着计算机及网络的普及，网络学员的上网条件大多都能保证，但学习者在上网的这段时间里又有多少时间能够做到有效学习？他们经常是一边观看网络课程一边聊天，网络课程的讲授有时成了他们聊天、看小说或打游戏的背景声音。娱乐成了主题，学习却成了“见缝插针”或“走马观花”的事。

2. 学习资源利用率低

在远程网络教育中，学习资源主要指网络学院（或其他机构）提供的网络课程（课件）、教学服务信息、课程练习、教学大纲、学习进度指导、E-mai1信息、其他网络资源，也包括纸制或电子的教科书、参考书、复习资料等，内容非常丰富、形式多种多样，但它们的“魅力”似乎没有发挥作用，学习者对这些资源并不感兴趣，所以许多资源还是被白白地浪费了。

譬如，对课程讨论区的利用，有些学员只是为完成网络学院规定的点击率，登陆之后随便输入几个字了事；有些人则把讨论区变成聊天室；真正主动发起课程讨论的人很少。看看各大学网络学院的BBS，“要么冷冷清清，要么五花八门”，真正充分利用资源认真讨论问题的学员并不多。

3. 学习成效低

许多学员只为能够轻松拿到文凭才参加远程学历教育，从而造成学习目标低、缺乏学习动力。他们不会主动地利用丰富的学习资源去认真系统地学习，而关心的只是网上的期末考试复习题或模拟试题。

4. 自我评价低

参加远程教育的在职学员，一般对自己的学习评价都不高。他们对自己目前的学习方式、所处环境和学习现状并不满意，认为这种选择是不得已而为之；他们对自己的学习进度和学习质量从来就没有高要求。

（二）原因

这里主要从学习者、学习资源和学习环境三个方面分析影响网络学习效率的相关因素。

1. 学习者

（1）学习者的学习动机不明确

目前，接受远程教育的学员多数是进入普通高校学习的学生，他们选择网络学习只是为了拿文凭，因此他们最关心的是“考试好不好通过”“是否有考前辅导”“复习资料针对性如何”等问题。这一点在每年网络学院组织的课程考试中都有所表现。

（2）没有正确的学习方法

在远程教育教学中，学员面对的是师生分离这样的现实，因此缺少教师在学习方法上的指导；同时学员本来就没有科学的学习方法和良好的学习习惯，也不努力探索适合自己的学习方法。

（3）自我监控的自觉性缺乏

自我监控是指学习者利用某些标准评估自己的学习过程，以便及时调整学习计划以达到预期目标的方法和能力。现实中，网络学习者普遍缺乏这一能力，“网络信息成瘾”和“网络迷航”就是学习者缺乏自我监控能力的普遍表现。网络信息的丰富性和获取的便捷性，“一方面为学习者的学习提供了方便，另一方面也给自制力差、自我监控能力不强的学习者带来了负面影响”。许多学员在不良信息的影响下，迷失于虚拟空间不能自拔，导致思维能力下降，分辨信息的意识和能力减弱，学习知识及技能的意志慢慢丧失。

（4）自我评价意识差

自我评价是学习者对自己的学习进行评价的能力，这是自主学习得以持续进行的关键之一。传统的面授教学，通常由学校统一组织考试和评价。在网络自主学习中，学习者要对自己的学习完全负责，要评价自己的学习过程和学习结果。但多数网络学习者，由于受从前接受的传统教育方式和长期以来依赖他人评价的习惯的影响，不善于也不主动在学习的每一个环节进行自我评价，导致学习结果不能及时验证，学习中的问题也不能及时发现和解决。

2. 学习资源

网络学习信息丰富多彩、包罗万象，给人的感觉似乎是应有尽有，可事实并非如此。当你搜索某一个特定目标时，往往有效的信息并不多。

（1）资源有偿使用

受商业利益和知识产权的影响，各大学网络学院或网络机构开发的网络课程必须购买才能使用，这使只想进行某类培训而不需要系统学习全部课程或只想学习某个知识点的学习者无法免费获得所需信息。

（2）缺乏高效的搜索和筛选系统

通过搜索引擎，人们可以获取“海量信息”，但这些海量信息的背后，学员面临的是如何从众多信息中获取对自己真正有用的信息，如何辨别信息的真伪和质量的优劣，如何避免在“海量信息”里迷航等问题。学生在学习过程中，为了获得某个特定信息常常需要花费大量时间，但是最终却“劳而无功”，正所谓“有用的信息找不到，没用的信息一大堆”，其结果直接影响了学习效率。

3. 学习环境

首先，网络学习条件影响学习效率。对于现代远程教育，学习环境主要指学习者的上网条件，如学习者的计算机技能和网络知识掌握程度，家庭、单位是否具有能上网的电脑，附近是否有网吧等。

其次，在职人员是否有足够的时间上网。很多学习者并不具备这些条件。

最后，学习者的个人情况也会影响学习效率。对于偏重于通过视听媒体进行学习的人来说，网络学习更为合适；而对于喜欢纸质阅读或不能长时间保持静坐状态的人来说，网络学习需要一定适应过程。

另外，网络学习中师生分离，缺乏面对面交流，没有常规校园的文化氛围。这种人文环境的缺失也会导致学习效率下降。

三、教学评价方式问题

（一）主要问题

从目前的情况看，远程教育的考试方式仍然与传统的考试方式相同。试卷统一印制、统一发放，考试在同一地点同一时间进行。考试以笔试为主，与传统考试一样，多是考查学生对知识的记忆程度，而缺乏对知识的理解、运用以及学生各种实践能力和素质的考核。

这种相同课程统一出题、统一组织、统一阅卷的“大一统”方式，使得远程教育的教学评价方式与传统的评价方式趋同。这种对教学效果和学生成绩的评价方式完全无视学生的个体差异，很难满足学生个别化自主学习的要求。

（二）原因分析

在传统的教育中，对教学效果和学生掌握知识的程度的评价是以考试结果为依据的。这里所提的“考试”主要是指笔试，通过这种方式来评价学生掌握、接受知识的程度。但它对知识的实际运用和活化未涉及。这种评价方式也造成了部分学习者考前突击、临时抱佛脚的行为，对学习者自身发展和整个教育的发展都是有弊无利的。

作为一种新型教育的现代远程教育，以其全新的教育理念和教育方法等显示出了与传统教育有很大的不同。因此，现代远程教育的教学评价方式也应不同于传统教育的评价方式，应充分体现出现代远程教育的发展规律，对学习者各个方面的知识能力和技能都有客观、全面的反映。然而，我国目前的远程教育教学评价方式并不理想。

四、信息技术与课程整合问题

当前，在教育信息化及网络教育改革浪潮的推动下，信息技术与课程整合越来越受到教育界的重视。一些学校从最初关注硬件设施建设，进而转向研究教学问题，关注信息技术在教学中应用的实际效果。当人们冷静下来，对以往教学过程中的整合理念进行反思时，便会发现许多问题。这些问题如果不被正视并及时加以解决，信息技术在课程教学中的应用效果就难以真正显现出来，结果势必会弱化人们对信息技术与课程整合的信心，以至于阻碍教学创新。

（一）主要问题

1. 教师对信息技术缺乏正确认识

目前，“教师对信息技术有两种错误倾向，一种是‘技术恐惧症’，另一种是‘技术万能论’”。前者表现为教师对计算机、互联网和电子课程等教学工具怀有神秘感，在这种神秘感的驱使下，产生了恐惧感。如果在技术培训中没有更好地掌握技术操作手段，这种恐惧感将进一步加剧教师对信息技术的排斥，使信息技术在教学中的应用趋于保守。与之相反，后者则对技术抱有极大的期望，把技术手段当作解决教学问题的灵丹妙药，在教学的各个环节中都会毫无顾忌地随意使用信息技术，对信息技术具有依赖感。

其实，信息技术并不神秘，它一直伴随着人类教育的发展。从原始社会的口耳相传，到近代的粉笔黑板，再到电影和幻灯，从普莱西的教学机器到现在的多媒体计算机、互联网，无一不是人类借助各种媒体技术来完成教育中的信息传递、获取和保存，只不过当前我们谈信息技术与课程的整合时，更多地集中在计算机、网络等技术手段上。这些新兴的技术由于具有更强的智能交互性，能够提供大量的学习资源和方便快捷的交流环境，所以备受青睐。

2. 信息技术和课程整合水平低

信息技术和课程整合的目的在于借助信息技术充分利用各种资源，实施高质量和高效率的教学，培养学生的信息素养，促进教师有效教学，推动教育全面发展。但是，很多教师错误地认为：“只要课堂中使用了计算机和网络技术就等于完成了教学整合。”事实上，使用不等于整合，盲目地使用信息技术导致的不仅仅是教学时间和教学资源的浪费，还会降低教学效率和学习水平。尽管学术界对于整合的目的、途径、意义和模式做了大量研究，但始终没有从根本上解决教师信息技术和课程整合水平一直很低的问题。

（二）原因

现在来看，问题的根源不在其他，而是在于教师本身。在于教师对信息技术缺乏正确的理解和认识，不能以“平常心”来对待信息技术在教学中的应用；在于教师对整合研究理解得不够透彻，缺乏有意义的理论指导。

1. 教师缺乏理性的教学行为

由于信息技术本身具有较强的智能交互性，所以就导致我们对利用信息技术提高教育效果寄予了太高期待，让许多教师自然地认为信息技术是一种理想的、万能的教育媒体，可以解决几乎所有的教育问题。可实践告诉我们，只有教学经验丰富、教学能力强的教师才能真正搞懂学科教学的重点、难点，真正领会教学难点突破途径，并能正确地选择合理、有效的信息技术手段来帮助自己突破这些重点和难点，从而提高教学效率和学习效果。信息技术和课程整合水平的高低，不仅取决于教师本身的信息技术素质，还取决于教师的学科教学能力。

历史上，曾有电影可以取代教师的“预言”，但是并没有实现。可当计算机网络技术出现后，似乎又有重演历史的迹象，教学中对于信息技术应用的热情再次失去理性。现实中，关于信息技术与课程整合的研究，往往只关注成功的案例，而有意抹杀失败案例。

2. 普适整合模式的思维导致工作僵化

常言道：“教无定法。”在这种“无定法”的教当中，信息技术的使用也应是“无定法”的。我们常常指导教师按照某种预设的模式或者参照某些案例来应用信息技术，却很少告诉教师为什么要这样用，什么情况下该这样用。

根据系统论的观点，系统的结构与功能是系统科学的基本范畴，任何系统都有一定的结构。系统的结构是系统保持整体性及具有一切功能的内在根据。从系统论的观点看待信息技术和课程整合，信息技术仅仅作为一个新的要素加入了教学大系统中，目的是通过信息技术实现系统功能的优化。但要明确，实现系统功能优化的前提应是研究教学系统以及教学系统要素的组合。

五、远程教育思想问题

随着网络技术的迅速发展以及它在教育领域中的应用，现代远程教育将彻底改变传统的以教师为中心，学生被动接受知识的局面。取而代之的是与传统教育手段、教育思想截然不同的新型教育思想，即以学生为中心，满足更多学习者的个性化学习要求。自 1998 年教育部率先批准在清华大学等 4 所高校开展远程教育试点工作以来，我国的现代远程教育迅速发展起来，在办学规模、教育资源等方面都有较快的发展。

但是，经过二十多年的发展，现代远程教育并未像人们之前预期的那样为学习者自主学习提供各种便捷的服务。许多试点院校仍然采用传统的面授方式进行教学，将学习者集中到固定的学习地点进行授课，评价方式也是采用集中考试的形式。所有这些现象都表明，现代远程教育具有太多的传统教育的痕迹，其根本原因是受到了传统教育思想的影响。

（一）主要问题

1. 重教师教，轻学生学

目前，无论是在函授教育、广播电视教育还是计算机网络教育模式中，都是“以教师为中心”，学生的主体地位不明显，处于被动接受的地位。在第一代函授教育模式中，学生严格按照学校统一印制发放的学习资料进行学习。在面授课堂中，教师的授课内容与考试或考察方向密切联系，学生唯有紧跟着教师的教鞭，才能顺利通过考试。在这种模式中，学生完全处于被动接受知识的状态，不可能进行自主学习。

在第二代广播电视教育模式中，教育资源大大丰富，知识传播手段、传播速度较以往也有了很大提高，尤其是电视机、录像机的普及，使得现代远程教育得到了较快的发展。但它依然没有改变传统的教与学的关系。广播电视教育中出现的回归面授教育的现象，表明了与函授教育相比，广播电视教育中的主、客体关系没有发生根本性的变化。

在第三代计算机网络教育模式中，先进的网络技术为学生自主学习和学生主体地位的确立提供了物质和技术条件，但在现实的教学模式中，现代远程教育几乎都是传统课堂在空间上的延伸。远程实时授课传输给学生的视频信号大多是传统课堂教学的网络翻版。

2. 重传授，轻沟通

在传统的面授教育中，存在着大量师生之间的双向交流沟通。教师在课堂上讲课，学生有疑难问题教师解答；教师在课堂上提问，学生举手回答问题，这些都是双向交流。只是这种师生间的交互沟通大多限于课堂上，很少延续到课堂之外的其他时间、地点。

远程教育的一个重要特征就是教师与学生之间能够实现及时、广泛的双向沟通交流。但是，我国目前现行的网络教育教学模式对充分利用现代网络技术来实现教师与学生之间及时的交互沟通做得还不够。

3. 重理论，轻能力

教学中的实践环节是促使学生将理论与实践相结合，帮助学习者掌握知识的重要的教学环节。尤其是在强调素质教育和学习者创新能力培养的今天，实践能力的培养越来越受到重视。

现代远程教育作为一种大众型教育，更加强调应用型人才的培养，对实践能力的培养更加重视。但在我国现行的远程教育教学模式中，仍然是重视理论知识的传授，忽视学生实践能力的培养。在考试评价环节中，多数只是考查学习者对理论知识的掌握程度，而对学生实践能力的考核少之又少。

（二）原因

1. 传统教学模式的影响

从本质上来讲，当前的远程教学模式与传统的教学模式并无区别，仍然摆脱不了教师处于主导地位，学生被动听课的传统方式。现代化的通信手段和技术只是改变了教学的形式，学生的主体地位并没有得到真正意义上的体现。

此外，重传授、轻沟通的问题也主要是因为受到了传统教学模式的影响。先进的通信技术只被用于制作、传输课件和教学信息。学生通过网络与教师进行双向交流也做不到及时和充分。

另外，从事远程教育教学的教师们也习惯用满堂灌的传统教学方法，不善于花很多时间去网上与学习者进行交流。这些都使得学习者不能有效、及时地进行双向沟通交流，学习者的要求很难得到满足。

2. 实践环节相对薄弱

在远程教育教学内容的设置上，实践环节也显得十分薄弱。显然，这与远程教育的发展目标是不相符的。目前，我国的远程教育在实践教学方面没有太大的发展，大规模的实践教学基本上没有，部分学科的网上虚拟实验仍处于探索研究阶段。

六、教学支持和服务问题

远程教育的特点要求参加网络学习的学员必须具有比普通在校生还要强的学习自觉性、计划性、自主学习能力以及探索问题和独立解决问题的能力。然而，心理学和社会学的一些研究成果及网络学习调查结果都已表明："在我国，参加网络学习的学习者，其原认知水平比较低，独立性、自主意识和自控能力都比较缺乏。"为了使学习者的自主学习能够继续下去，网络学院和学习中心在网络教学过程中必须为学习者提供尽可能多的学习支持和服务。

教学支持和服务是指针对远程教育中师生相对分离的现状，为了充分体现"以学生为中心"的教育理念，将"支持"融入学生的学习过程，将"服务"融入学生的管理环节。关于支持服务，国外同行有"24×7×52"的说法，意思是为学生提供全天候、全方位的服务。

（一）主要问题

除学生自身的特点决定了网络教育需要给学生提供更多的支持和服务外，从远程教育最终面临的是市场选择看，引进客户服务之类的理念也是十分必要的。面对远程教育市场化所伴随的竞争局面，教育机构对"教学支持服务"提出了"高标准，严要求"。然而，在评估中发现，当前的远程教育机构尤其是远程教育工作者，根本无法达到"高标准"要求，甚至连支持和服务标准的底线都难以守住。

例如，学生在网上的咨询很少得到及时回复，甚至石沉大海；学生上交的形成性作业，教师不去认真批改，也不及时给学生一个公正评判，意见反馈不及时，甚至没有反馈！在部分学习服务中心，服务的内容变了味，比如为了迎合一些学生的欲求，就连课程考试这样严肃的事情也没有放到心上，能松就松，对违纪现象视若无睹。这根本不是服务，而是一种不负责任的表现。

（二）原因

我国普通高校，长期以来更多地带有"计划经济"的特征，缺乏市场竞争意识，把成人远程教育仅仅作为一种"副业"，没有压力感；从事远程教育的工作者，由于主要来自普通高校，其教学习惯难以改变，对现代远程教育的规律和特点没有深刻、清醒的认识，对参加网络教育的学习者的认知特点和学习需求也没有进行深入探讨，所以应有的教学支持和服务意识严重缺乏。现在看来，只有生源减少，远程教育机构才会深深地体会到"学生是顾客"的真正含义。

第五章　基于网络的现代远程教育教学模式改革

基于网络的远程教育教学模式是教育改革的产物，也是国际上教育发展的必由之路，它以快捷、灵活的教学方式深受广大用户的欢迎和喜爱，但这一新兴事物也不可避免地存在着一些弊端。本章分为网络环境下远程教育的教学模式创新、网络环境下远程教育教学模式的实施两部分。主要内容包括网络环境下现代远程教育的教学模式、网络环境下现代远程教育的学习模式、远程教育教学模式实施的原则等方面。

第一节　网络环境下远程教育的教学模式创新

一、网络环境下现代远程教育的教学模式

（一）“培训与辅导—自主”教学模式

1.“培训与辅导—自主”教学模式概述

它是指通过入学教育与各项技能培训，对学习者（学生的同义词）进行导学、助学，努力促进学习者实现个别化自主学习。其中，“训导”为教的模式，“训”是指开学初，由学校对新生统一进行入学指南教育与现代教育技术培训，让新生掌握学习技能、学习方法，尽快适应现代远程教育教学方式；“导”是指导教师（教师的同义词）对学习者进行“导学”（对学习者自主学习提供指导）、“辅（指）导”（面授辅导、个别辅导、小组讨论指导、毕业论文写作指导等）、“导引”（引导学习者充分利用各种学习资源，促进师生、生生、生机间交互的实现等）；“自主”是指学习者的学习模式与教的模式相对应，是“（个别化）自主学习”的简称，是学习者自己主宰自己的学习，与“他主”学习相对应的

一种学习范式。该模式建立在以学习者学习为中心的基础上，“训”的目的是使导师更好地、更方便地“导”，解决学习者的学习观念问题，帮助学习者树立自主学习的意识；“导”的目的是使学习者更好地、更灵活地“（个别化）自主学习”，帮助学习者逐步实现自主学习。

2. 对模式的几点说明

① 模式是多元的，该模式是现代远程教育试点的主导教学模式，而不是唯一模式。电大现在、将来的教学模式，都应是“混合式”，而不是一个模式打天下。

② 该模式注重将适用性、普及性、可复制性、示范性、前瞻性结合起来。起点是适用性、普及性，立足于可行，着眼于发展。

③ 该模式立足于以学习者为中心，尽管“训”带有浓厚的以教为中心的意味，甚至有强制的含义，但由于学习者“入口”（即入学）时文化基础参差不齐，学习能力相对较弱，自主学习意识薄弱，所以，开学之初，“训”是必然的、必需的、必要的。实质上，“训”的出发点依然是为学习者服务。通过“训”，帮助学习者转变学习观念，培养学习者主动学习的自觉性，引导学习者逐渐适应开放教育的自主学习方式，使学习者毕业时能够实现自主学习。

④ 自主学习不等同于自学。学习者自主学习是建立在学校和导师提供完善的学习支助服务、学习者主动参与的基础上。学校和导师在教学中发挥组织、指导和决策的作用，学习者须根据个人的具体情况，在导师的指导下，制订自主学习计划，自主安排自己的学习。

（二）“导—学”协同教学模式

1. “导—学”协同教学模式概述

“导—学”协同教学模式是指充分利用现代信息技术创设的学习环境，扩展师、生“导”与“学”的时空和能力，使导师的“导”与学习者的“学”协同活动的程序和策略体系。因此，“导—学”的过程，是导师的“导”和学习者的“学”共同活动的过程。

“导—学”协同教学模式的主要特点是强调了信息化学习环境的构建和导师对人才培养的全方位的引导作用。导师的“导”已不是传统教师那样单纯地停留在对学习者进行规定课程的教学辅导上。学习者的学也已不再单纯是只停留在书本知识的学习上。多媒体世界和网络化学习环境给导师和学习者的“导”与“学”都留下了巨大的空间。

现代信息技术的应用，使学习已不单纯是指传统的“书本知识的学习”“学校范围内的学习”了；在信息化时代，人们必须具备不断适应社会的能力，要能在自己的一生中善于抓住和利用各种机会，去更新、深化和进一步充实最初获得的知识，使自己能适应不断变革的世界。

因此，“导—学”已不是传统教学意义上的辅导教学，它已突破了传统教育的界限，把指导的意义指向了学习者所处的社会和学习者的一生。

2.“导—学”协同教学模式的基本框架

（1）主要目标

充分利用现代信息技术，采用“天网、地网、人网”三网合一的远程教学组织手段，扩展省级电大及中心校区教师的教学范围，提高电大教师的教学水平，从而提升基层电大远程教育的教学质量；为地方的经济建设和社会发展培养更多高质量的、适应基层社会需求的应用型高等专门人才。

（2）指导思想

注重教育思想和教育观念的改革；按照社会实际需求，对人才培养模式、专业课程体系和教学内容进行改革；注重“以学生为中心”“以学生的自主学习为中心”教育思想的确立。

（三）“导学—自学—助学”三维互动教学模式

1.“导学—自学—助学”教学模式概述

（1）“导学—自学—助学”教学模式的含义

“导学—自学—助学”三维互动教学模式简称“导学—自学—助学”教学模式。因导学、自学、助学三者都是围绕“学习（Learning）”这个核心展开的，所以这一模式可简称为“3L 教学模式”或“三学模式”。“3L”教学模式中的 L 是核心，“L”既是 Learner，即学习者，体现以学习者学习为中心，又是 Learning，即学习，体现“导、助”活动围绕学习这个核心展开。

（2）“导学—自学—助学”教学模式的基本框架

以学习者自学为中心，坚持体现学习者的主体性，其“自学”的含义是学习者借助一定的指导和支持，主要依靠自身的力量完成学习的过程，其对应的实施主体是学习者。这里的“自学”包括“自主设计、自主研修和自主发展”三个层次。

2.“导学—自学—助学”教学模式的策略与程序

（1）改变教学关系，推进学习者自主设计

引导、指导、辅导。“引导”，是指教育者应做学习者自主学习的引路人、引导人，帮助学习者建立学习目标，并确认和选择达到目标的最佳学习策略和途径；“指导”，是指指导学习者形成良好的学习习惯，掌握学习策略和提升认知的能力；“辅导”，是指辅导学习者利用各种便利手段获得所需的信息，并利用这些信息完成学习任务。具体有目标引导法、集中辅导法、个别指导法等。

（2）改进教学方法，促进学习者自主学习

“自主设计”是自主学习的前提。学习者应根据自己的学习目标和实际情况，有效地选择专业、选择课程、选择学习资源、选择学习方式和方法，以此来设计自己学习的全过程，从而很好地完成学业，达到培养目标的要求。

（四）多媒体网络交互式教育教学模式

多媒体网络交互式教育教学模式是基于计算机、多媒体、网络、超文本、超媒体技术的数字化教学环境，教师存储、传递、管理、更新教学信息，学生收集、选择、处理、获取学习信息，师生之间进行同步和异步交流的一种远程教学组织模式。

1. 理论依据

（1）建构主义学习理论

该理论认为，学习不是一个被动的记录外界信息的过程，而是在外界环境的影响下，由认知主体积极主动建构知识的过程。建构知识过程的实现需要一定的学习环境。网络教学环境能够从技术方面提供建构主义学习理论所需要的环境条件。网络能为学习者建构知识提供充足的信息和自由的环境；网络的交互性为学习者提供了合作学习的条件；网络的个性化学习实现了因材施教。

（2）信息加工学习理论

该理论认为，人的认知系统是一个信息加工系统，人脑类似于计算机的信息加工系统。人的认知过程就是人对外部的或内部的信息进行加工的过程。

2. 教学目标

① 因材施教，根据学生不同的学习方法、学习风格、学习起点、学习兴趣，确定多层次的教学目标。

② 利用丰富多彩的网上资源，培养学生收集、理解、分析、综合、加工、运用和评价信息的能力。

③ 激发学生兴趣，培养学生情感，塑造学生个性。

3. 教学程序

多媒体网络交互式教育教学模式由直播课堂模式、个别辅导模式、讨论学习模式、协作学习模式等多种模式整合而成，这些模式的教学程序在上述内容中已做过具体介绍，这里就不再赘述。

4. 教学策略

① 根据学习任务的性质指导学生选择适当的网络学习模式。

② 根据教学内容，采用适当的教学方法和与之配合的网络多媒体。

③ 根据教学目标的要求，灵活运用个别化教学、小组合作教学、集体教学等方式。

5. 评价

该模式为学生的学习创设了优越的环境，突破了传统的面授教学形式，拓延了教学时空维度，能够随时满足不同学生的需要。该模式中教师是导航员、组织者、调控者和设计师，以作业评价和网上讨论的方式帮助学生学习。

网络为学生学习提供了充足的信息和自由的环境，学生不受时空限制，可以根据自己的时间、需要和兴趣，筛选网上信息，然后与自己先前的认知结构建立联系，对新信息进行加工、编码、存储、输出、使用。由于受技术条件的限制，该教学模式的应用还不够普遍。但该模式具有非常广阔的应用前景，将人工智能与网络多媒体教学相结合，是它未来的发展方向。

（五）多媒体优化组合课堂教育教学模式

多媒体优化组合课堂教育教学模式就是在课堂授课中，根据教学目标和内容的需要，运用系统设计思想，合理选择和使用多种现代教学媒体，构成教学信息传输及反馈、调节的优化教学媒体群，作用于学生，使学生在最佳条件下学习，达到教学效果的最优化。

1. 理论依据

（1）教学系统方法论

该方法论是运用系统论解决教学问题的理论。教学系统同任何系统一样包含教与学两个基本要素。教是一个由教师、教材、媒体、教学内容、教学方法、教学环境等要素构成的子系统。学是由学生、学习态度、学习行为、认知程度等要素构成的子系统。两个子系统相互联系，有机结合起来，就具有某种教学功能。

教学系统方法论，包括整体原理——把各教学要素整合成教学系统，产生最优化的整体教学功能；有序原理——认知结构是从简单到复杂、从低级到高级的有序建构过程；反馈控制原理——从反馈信息中获得控制依据，从而改进教学模式，优化教学效果。

（2）视听教育理论

该理论是研究多媒体视听教材教学效果的理论。它运用心理学原理分析多媒体视听教材的教学效果。视听媒体是通过视和听两个感觉通道同时呈现信息的媒体。

心理学研究表明，视听并用将获得更多的教学信息量、更高的记忆保持率和最佳的学习效果。视听多媒体具有直观、鲜明的图像与生动的语言有机配合的特点，能创造出一种新的教学环境，不仅使所需传递的教学信息充分表达，而且有利于学习者学习兴趣的激发。

2. 教学目标

① 利用多媒体教学手段的生动性和趣味性，激发学习兴趣，调动学习动机。

② 多角度呈现教学信息，提高学生的观察力、想象力、思维力。

③ 调动学生的多种感官参与学习，提高识记效果。

3. 教学程序

该教学模式的教学程序概括如下：分析任务—选择教法，优化媒体—多媒体组合，传递信息—多媒体呈现，变式练习—评价检测，验证传播效果。

4. 教学策略

① 选择媒体要遵循低成本高功效的原则。

② 突出重点媒体，同时注意辅助媒体配合作用的发挥。

③ 体现刺激性与趣味性相统一的原则。

④ 多媒体优化组合步骤：确定使用媒体的教学目的；确定媒体的主要作用；评估实现教学目标需要的媒体类型和媒体内容；选定媒体并优化组合；试用、评估和调整媒体，保证媒体使用质量。

5. 评价

该教学模式为学习者创造了一个图、文、声并茂的且生动有趣的学习环境，通过多媒体的多重刺激调动多感官接收信息，从而激发了学生的学习兴趣，加强了学生对所学知识的理解与记忆。多媒体教学对学科内容进行技术上的优选、提炼和加工处理，一方面有利于突出教学重点，解决教学难点，提高教学质量；另一方面有利于增强教学效果，调动师生双方的积极性、主动性和创造性。

当然，该模式若运用不恰当，过多地展示多媒体，反而会干扰教学信息的传递，分散学生注意力，降低学习效果。研究表明，如果多媒体传递的信息量过多而超过一定的冗余度时，视听双通道的呈现并不特别优越，反而会使学生感到压抑、模棱两可而难以接受。大量运用多媒体，容易产生媒体替代教师的现象。如何发挥好媒体的作用与教师的主导作用，是这一模式面临的亟待解决的重大问题。

二、网络环境下现代远程教育的学习模式

（一）个别化学习

个别化学习，又叫个别化自主学习，或者自主学习，是现代远程教育的主要学习方式。个别化学习深刻体现了现代远程教育以学生为主、以学习为主和人本主义的教育思想。

学生个别化学习，是指在自己工作和生活的环境里自主学习。“在自己工作和生活的环境里”，这里所说的环境，是一种在空间和时间上与教师、学习伙伴相对分离的状态，从这点上看，与自学相似；但是，“在空间和时间上与教师、学习伙伴相对分离的状态”，并非学习环境的全部，因为从可以通过网络使用学习资源，以及可以与教师、学习伙伴进行交互的角度来看，这是一种得到支持的学习，因而又与自学有所不同。

个别化学习得到的支持主要是学校教学资源和网络学习环境的支持。学校提供的教学资源，有专业教学计划实施方案及其实施细则、课程教学大纲、课程教学实施方案及其实施细则、单元教学要求、单元自检自测材料、单元辅导材料、CAI 课件、直播课堂和视频点播等。除了 CAI 课件之外，这些材料都可以分别呈现在学校和教学点校园网的教学平台或者课程网页上。由于课程教学资源建设的模式和进度各不相同，每一门课程教学资源呈现的方式也不同，有的是 CAI 课件，有的是视频点播或者直播课堂。另外，专业教学计划实施方案及其实施细则、课程教学大纲、课程教学实施方案及其实施细则等教学信息可以常驻网页，而单元教学要求、单元自检自测材料及单元辅导材料，要定时更新。

网络学习环境是对个别化学习影响最大的环境。其中，教学资源的呈现方式和交互手段，会影响学生的学习策略、学习方法、学习过程和学习效果。

例如，用 CAI 课件和用视频点播自学时，学习的方法就可能不一样。能否

进行交互，也是很重要的。学生自学时，对于学习上的问题和心得，可以通过E-mail或BBS和教师或其他学习伙伴进行交流。在与大家分享自己的学习成果的同时，还解决了学习上遇到的各种问题。这是其他教育形式所不具备的。

另外，学生个别化学习的效果还与社会对网络教育的评价和认可有关，所以，学生个别化学习环境还应该包括社会环境。学生以个别化学习为主，可以根据自己的工作和家庭生活的安排，调整学习时间，而不必像面授教学那样，完全被学校规定的课堂时间羁绊。由此可见，个别化学习体现了以人为本的思想。自主学习活动包括自学知识、观摩演示、观察案例、寻找信息、交流研讨及自我评价等。

（二）协作学习

协作学习，又称为合作学习，包括小组学习、交互式学习，在现代远程教育教学中被广泛采用。

支持协作学习的理论有维果茨基（Vygotsky）的“最近发展区理论”和建构主义理论。维果茨基认为，在人已经掌握的实际知识（称为实际发展区）和要掌握的未知知识之间有一个中间区域，称为最近发展区。学生在学习过程中通过社会交往，可以形成最近发展区。最近发展区能够被学生内化为他们的实际发展区。

建构主义理论认为，知识是学习者在一定情境下，借助他人包括教师和学习伙伴的帮助，利用必要的学习资源，通过意义建构的形式获得的。学习环境有情境、协作、会话和意义建构四大要素。

建构主义理论非常重视教学中教师与学生，以及学生与学生之间的相互作用。建构主义认为，每个人都在以自己的经验为背景的前提下，建构对事物的理解。由于各人的经验背景存在差异，因而在学习中，人们对问题的理解各不相同。这种不同本身就是一种宝贵的资源。要使学生超越自己的认识，看到事物的另外一面，学生之间、师生之间就需要对问题共同进行探讨。个人的学习体会为小组成员共享，有助于产生学习动机，从而使学生得到他人的启发、帮助和指导。协作学习对推进每一个成员的学习进程，是至关重要的。

现代远程教育的协作学习，主要有小组学习和在学习过程中进行的交互两种形式。小组学习和在学习过程中进行的交互，是一个互相交流的过程。它与个人自主学习相比有诸多好处。

（三）集体学习

一个班级有数十人之多，往往只可能由教师讲解，不可能让每一个学生发表（更别说充分发表）自己的见解。现代远程教育并不排斥面授辅导，但是，在现代远程教育教学模式中，面授辅导环节所占的时间比较有限，它是为帮助学生解决在自主学习过程中遇到的问题而设置的。面授辅导的形式主要是个别或集体答疑、专题讲座、作业讲评及课堂讨论等。要摒弃那种简单地重复文字教材与音像教材的内容，而忽视学生学习能动性的单纯的灌输式面授。

面授十分便于师生的交互，除了学习内容之外，师生、学生之间还有情感的交流，这在现代远程教育中往往是一种十分缺乏的东西，不能忽视情感交流在消除学习过程中的心理障碍、促进学习动机形成方面的作用。师生、学生之间的一颦一笑、一举手一投足，都可以传情达意。

现代远程教育，如果把适当的面授辅导穿插于学生个别化学习、协作学习和实践教学等活动之中，做到“各种教学环节穿插安排”，就可以收到取长补短、相得益彰的效果。

面授辅导除了要做到“各种教学环节穿插安排”之外，还要做到在讲解时综合运用多种媒体。例如，许多教师喜欢运用电子演示文稿讲课，也会运用超级链接等手段，适时穿插一些网页、动画、音频、视频和图片资料等内容，以展示资料或实物等，这有利于调动学生的多种感官，进而可以让学生全身心地投入学习。

第二节　网络环境下远程教育教学模式的实施

一、远程教育教学模式的教学设计

从个别化教学的开放性、过程和体系、组织形式等维度可以把远程教育分为多种模式。根据每一模式的变量组合，个别化教学大致可以分为技术辅助教学模式、适应性教学模式、自主学习教学模式、掌握教学模式、个别化指导教学模式、策略教学模式，每一个模式各有其优劣，供参与远程开放教育的师生结合实际自主选择。技术辅助教学模式包括广播电视教学、计算机多媒体辅助教学（CAI）等，强调教学与技术的融合，建立功能齐全的技术辅助教学系统，使技术辅助与教学目标、课程内容较好地融为一体。适应性教学模式中的个人化教学系统（PSI）是由凯勒等人开发的面向大学教学的个别化教学系统，其基本原理是学习者自定步调、自由选择学习时间及地点并接受检测。自主学习教学模式的基本理念是坚持以学生为中心，尊重学生的自主选择，从学生的需要出发设置课程内容，帮助学生主动学习。

教学设计又是同一定的培养目标和培养规格紧紧联系在一起的，必须有一定的标准和要求，以实现一定的教学目标为主要方向，具有较强的可操作性和可检测性。所谓目标导向的教学设计，就是以预期的学生学习效果为教学目标，以一定的学习心理学为指导，确定某一教学单元或某一门课程教学的目标（包括总目标和子目标），选择并采用一定的教学步骤、教学方法、教学媒体、教学策略，去实现这个目标的构想和过程。在进行远程教育教学设计时，应把握以下几点原则。

① 必须依据远程教育对象和课程实践进行教学设计。从某门课程的教学设计来说，应明确要求学生必须掌握哪些重点内容，提示学生应弄清哪些难点和疑点，等等。

② 加强对学生学习过程、学习状态、学习质量的监控，这是远程教育教学设计的关键。

③ 强调对多种教学媒体的使用，这是远程教育教学设计明显优于传统课堂面授教学的又一重点内容及要求。

④ 加强学法指导。学会学习是未来最具价值的一种核心能力。所谓学法指导是指教育者通过一定的途径，对学习者进行学习方法的传授、指导，使学习者掌握科学的学习方法，逐步形成较强的自学能力，也就是教会学生学会学习。

接受远程教育的学生分散在不同的地方，在教学中教师借助计算机网络通信技术以及各种视听媒体，将教学内容传递给学生，并与学生进行实时的（或非实时的）双向交流。虽然远程教学系统使用高科技媒体，但影响远程教学效果的因素有很多，任何一种媒体本身都只是传递信息的工具而已，它并不是完成教学目标的唯一要素。影响远程教学效果的是课程设计、教学设计、教学方法、教学策略，以及教师的授课技巧等。为了提高教学成效，应重视教学设计与教学方法的准备。

教学设计与教学方法均起源于学习理论，远程教育教学特别适合于实现建构主义学习环境，计算机网络通信技术可以作为建构主义学习环境下的理想认知工具。建构主义学习理论提倡的学习是在教师指导下的、以学生为中心的学习；建构主义学习环境包含情境、协作、会话和意义建构四大要素。学生是知识意义的主动建构者；教师是教学过程的组织者、指导者，意义建构的帮助者、促进者；教材所提供的知识不再是教师传授的内容，而是学生主动建构意义的对象；媒体也不再是帮助教师传授知识的手段、方法，而是用来创设情境、进行协作学习和会话交流，即作为学生进行主动学习、协作式探索的认知工具。显然，在这种场合，教师、学生、教材和媒体四要素与传统教学相比，各自有完全不同的作用，彼此之间有完全不同的关系。但是，这些作用与关系也是非常清楚、非常明确的，因而成为教学活动进程的另外一种稳定的结构形式，即建构主义学习环境下的教学模式。

教师应运用与建构主义学习理论和学习环境相适应的教学设计理论与方法体系，来分析、设计、执行和评估整个远程教学过程，并灵活运用适宜的教学法（如支架式教学法、抛锚式教学法等）增加师生间的交流，提升远程教学的教学效果。

总之，网络环境下的教学设计（也称信息化教学设计）应以学生为中心，充分利用现代化技术和资源，培养学生的信息素养、创新精神和解决问题的能力，科学地安排教学过程中的各个环节和要素，以实现教学过程的优化。

二、网络环境下远程教育教学模式的实施过程

教学设计作为教育技术理论的核心，在远程教育中起着关键性的作用。成功的远程学习离不开有效的教学计划，更离不开教学设计过程。教学设计过程其实就是对教学计划的系统化过程，把整个教学环境看成一个系统，考虑诸如教师、学生、教学内容和媒体技术等系统要素之间的关系。它为远程教育教学设计者提供了一套系统化的操作步骤，使他们有可能开发出一个更有效的远程教育教学模式。

（一）确定学习目标

要达到学生的学习目标，教师必须全面考虑学习者、教学内容、方法与材料、环境等成功学习系统的诸因素。这些系统因素必须高效率地相互作用，以适合不同类型学生的学习，确保学生进行高质量的学习。它们应该是平衡的关系，没有哪个因素比另外一个因素更优先。

（二）设定远程教学计划

远程教育教学课程的计划和组织是多方面的，而且必须在预定的教学时间之前做好。为了避免做重复性的准备工作，远程教育教学的工作人员应当注意以下事项。

① 以前在传统教室环境下教授的课程需要重新设置。教学的重点应转向更加形象的信息呈现、学习者参与和信息展示的时间安排上。

② 教学材料的视觉化。因为在传统课堂教学中所运用的材料需要被修改，所以应考虑用图表、图形和其他视觉呈现方式来阐明关键概念或主题。

③ 需要鼓励交互性的活动。有效交互可以帮助学习者更好地学习，不仅要求教学者要设计交互计划，而且要求学生接受培训以便积极参与此类远程交互活动。

④ 精心设计学习小组的活动，这有助于营造一个支持性的社会环境。如教师可以展示与该门课程的概念和原理相关的案例，由此，不同学习小组能就案例中的问题展开讨论，从而达成一致的解决方案。

⑤ 远程教育教学中可能有意想不到的技术问题发生，因此，应当准备替代性的教学。如仪器设备出了问题，学生应当有独立于教师的学习项目和任务，并可以选择其他替代性的交流工具（如传真、电话或 E-mail）继续学习。教师事先应与学生就技术故障问题进行商讨，做好应对计划，以避免混乱情况的发生。

此外，远程教育教学人员还应考虑教师与学生地域分离、课程传输的时间限制以及教师与学生缺乏即时联系等问题。在传统教学中，教师通过与学生交谈，洞察他们的面部表情等可视化的暗示信息，快速做出一些决定，如及时调整课程教学方法（如采取个别化教学），以保证所有学生都能得到高质量的学习经验。

然而，远程教育教学消除了很多学生的可视化暗示信息，因此，应结合形成性教学评价方法，而不能像往常的传统教学那样设计教学。教学开发过程应该基于学生的独特个性和需求，尽量与教师的教学风格、课程目标和内容相一致。总之，应最大限度地利用交互，开发媒体的视觉功能，并标明教学传输的时间限制。

三、网络环境下远程教育教学模式的实施策略

（一）坚持教师主动指导和学生主动学习相结合

“教师主动指导和学生主动学习相结合”的教学理论基础是“师生双主动”理念。“师生双主动”理念既承认教师在教学过程中的主体性、主动性地位，又承认学生在学习过程中的主体性、主动性地位。依据现代教育心理学的观点，学习是个体在特定情境下由于练习而产生的行为或行为潜能比较持久的变化，学习过程是学生主动进行知识意义建构的过程。

依据辩证唯物主义认识论，学习过程是人类特殊的认识过程。在学习过程中，学生是学习（认识）的主体，要有效完成学习任务，必须充分发挥学习（认识）主体（学生）的主观能动性。要实现现代远程教育的高质量和高效率，就必须坚持“教师主动指导和学生主动学习相结合”。

首先，教师要主动指导。教师要充分发挥自己的主观能动性，在教学过程中全方位、高效率地展现自己的导学作用。教师的主动指导可从以下几方面实施：从教学任务上看，可以实施理论导学和实践导学、陈述性知识导学、程序性知识导学和问题解决导学；从教学过程上看，可以实施课前导学、课中导学、课后导学；从教学形式上看，可以实施班集体导学、小组集体导学和个别化导学；从教学媒体运用上看，可以实施网上导学、电话导学、直接导学。

其次，学生要主动学习。这要求我们利用一切手段，端正学生学习动机，激发学习兴趣与热情，充分调动学生学习的主动性、积极性。

最后，从教师主动指导和学生主动学习相结合的角度安排教学活动进程。一是在教师指导的基础上安排学生自学；二是在学生主动学习的基础上强化导学。

（二）坚持个别化教学和集体化教学相结合

个别化教学和集体化教学是两种相对应的教学组织形式。个别化教学虽然便于因材施教，但不足之处是教师的教学效率不高。从学生的维度看，个别化教学就是在教师指导下进行个别化学习，其优点是有利于学生对知识意义的建构和创造性思维、能力与素质的形成。不足之处是对学习资源、教师支持服务、教学网络等教学环境要素要求高，如果达不到个别化学习要求的教学环境，学生个别化学习的情境就难以形成，学生对知识意义的建构就会出现困

难，学生的创造性思维、能力与素质就丧失了形成的基础，就不能保障教与学的效果。集体化教学的优点是教师的教学效率高：在面授教育环境下，可以做到一人讲，全班听；在远程教育环境下，可以做到一人讲，万人听。但不足之处是对学生的个性特点很难顾及，不利于学生创造性思维、能力与素质的形成。要追求远程教育的高质量、高效率和高开放，在教学组织形式上就要坚持个别化教学和集体化教学相结合。做到二者有机结合的基本思路是运用唯物主义辩证法，批判吸收西方现代行为主义、认知主义、建构主义教学理论的合理思想，通过对远程教育教学过程诸要素的合理变革与整合，集成组班集体教学和个别化学习的优点，摒弃其缺点。具体策略是在教学要素、教学环节的组织衔接上科学处理自学与辅导、分散学习与集体学习的关系。

在当前条件下，一是依托各级电大，广泛建立学习中心，并根据学生要求组建教学班，认真开展面授辅导。学生依托地区学习中心或教学班，在视听教室、多媒体教室集体收听、收视、上网，接受面授辅导。二是努力创造个别化教学环境，方便学生个别化学习。三是革新教学组织形式。除按年级、专业组织教学班集体学习外，还可按课程组班。在实践中，我们创造了同专业多门课程个别化教学的形式，实行专业辅导员制度。对专业辅导员教学的水平要求是，一般应精通某专业多门课程，具有丰富的教学经验和较好的教学效果。专业辅导员在规定的时段（一般是晚上或周末）在答疑室值班，学生可以到答疑室就本学期本专业多门课程的疑难问题向专业辅导员提问，专业辅导员进行答疑，必要时进行个别化面授教学。

（三）坚持在线学习和离线学习相结合

在线学习和离线学习相结合是从学生学习的视角对远程教育教学模式的一种表述。从教师的视角进行考察，实际上就是在线教学和离线教学相结合、网上教学和网下教学相结合。实现在线（网上）教学和离线（网下）教学相结合的基本思路：依托“天网”（卫星广播电视网）“地网”（计算机网），支持现代远程教育学生的在线学习；依托“人网”（广播电视大学教学管理支持服务网），支持现代远程教育学生的离线学习。

基本措施：① 建设网络和媒体资源平台、过程控制和资源保证平台、学习支助平台，实现主办学校与基层学习中心、教学班点、教学平台的互联互动；② 建设适合远程教育学生在线学习和离线学习的教学资源库。③ 设计与运用多种师生交互模式。如视频会议系统交互模式、直播课堂交互模式、面授辅导交互模式、基于语音信箱和电话的电信交互模式、小组讨论和课堂讨论交互模式。

（四）总结网络教学过程中的实践经验

网络教学具有四步，即课前准备、课上指导、课后检测、学习效果点评。现代社会对于学生的要求使得学生在学习过程中的学习质量决定了他的学习效果，而学生的学习质量又依赖于网络教学的教学质量。所以，要想使学生取得一个好的学习结果，必须对学生的自主学习能力进行积极的培养，使其自主巩固学习知识，增强学习效果。要积极使用各种网络资源，对学生学习过程进行实时监控和有效测评。现有的所有对教学方式的评价标准，侧重点不同，评价的结果也就不同。

在对学生学习效果开展评价的过程中不断引导学生使用正确的学习方法，树立积极的学习态度，引导学生走向自主学习。另外，网络教学中必须以学生自主学习为主，导师指导为辅，师生借助网络资源和网络大环境共同成长。

另外，在网络教学中需要多方面的相互配合，如所在的学校需要具备进行网络教学的硬件设施，创设多媒体课件，创建网络教育教学平台，以及完善网络教学的监督管理工作。除此之外，还需要学生具备一定的操作能力，能够有效地使用相关设备进行自主的学习；还需要导师具有网络教学能力，如网络授课，网络讲解等能力。

第六章　现代远程教育教学模式的评价

远程教育是一种新型教育，其教育理念与教育方法与传统的教育相比有很大不同。因此，现代远程教育教学模式的评价方式也应不同于传统教育模式，应充分体现出现代远程高等教育的发展规律，对现代远程教育教学模式的各个方面都有客观、全面的反映。本章分为远程教育教学模式评价的意义、远程教育教学模式的评价程序和功能、远程教育教学评价的原则与分类三部分，主要内容包括远程教育教学模式评价的特点、远程教育教学模式评价的意义、远程教育教学模式的评价功能、远程教育教学评价的分类、远程教育教学评价的要素等方面。

第一节　远程教育教学模式评价的意义

一、远程教育教学模式评价的特点

远程教育教学模式评价属于教育评价的子范畴，具备教育评价的三个方面的含义（价值判断、评价发展、参照标准）。然而，远程教育教学与传统教学相比，又体现出鲜明的特色，如教与学的活动在时空上的分离、教学的实现需要可靠而安全的网络传输系统、学习者的学习主要是自主学习（学习者需要一定的自控性，通常是成人学习者）等。因此，远程教育的教学评价也表现出如下特点。

（一）过程性

远程教育教学模式评价应注重评价的过程性，利用及时的反馈信息来指导、调控甚至补救网络教学与学习活动。总结性评价应充分考虑学习者在学习过程中的行为、态度、实践。

（二）有效性

在远程教育教学模式评价中，要对运用教育技术实施智能教学以及对利用探索、发现、竞争、协作、角色扮演等一系列教学策略的效果进行有效的评价；与此同时，还要对学生在学习中的主动性、自控性，以及学习的效果进行评价。

（三）综合性

远程教育教学模式评价的评价对象非常广泛，不仅要对传统教学系统的四要素即学生、教师、教学内容与媒体（网络教学支撑平台）进行评价，而且要对学习支持和服务系统进行综合评价。

（四）实时性

在实施远程教育教学模式评价时，可以与网络教学支撑系统实现无缝结合，充分利用网络教学支撑系统的教学活动记录功能来搜集评价信息，实现对网络教学的动态评价和动态调控。

（五）技术性

远程教育教学模式评价可以充分利用互联网的技术优势，缩短评价的周期，及时反馈评价结果，以便于及时调整教与学。

二、远程教育教学模式评价的意义

教学模式评价的意义何在？有的人将教学评价作为区分优劣的标准，有的人把教学评价作为奖惩的依据，却忽略了教学评价的最终目的。邓小平同志曾经指出“发展才是硬道理”。教学评价的真正意义就是促进学生全面发展。

（一）促进学生学习

学生是教学活动的主体，同时也是教学评价的核心对象。其评价活动大多数在教师和学生之间进行，但更多的则是围绕学生个体的发展、学生个体的质量而展开的。从促进学习的目的出发进行评价，重要的是让学生了解自己的学习达到了何种程度，存在什么样的问题，以便有针对性地采取措施加以改进。心理学实验证明，了解自己学习成果的学生的积极性比不了解自己学习成果的学生的积极性要高得多。

（二）改善教师教学

教书育人是教师的天职，而教学是教师和学生的双边协同活动。教学质量的提高，固然有学生因素的影响，但主要责任在教师。在学校教学工作中，许多教师积累了丰富的经验。为了改进教学，教师利用有关评价信息来改善教学方法，力求使教学有效地运行。

现代远程教育教学模式强调以学生为中心，强调以网络技术为载体，强调教师为学生提供大量的资源，强调培养学生自主学习的能力。但在模式的构建中，对上述活动的评价目前来说显得薄弱。

（三）强化教学管理

通过教学评价活动来强化管理，已受到人们的广泛重视。不论是宏观的教育行政管理还是微观的学校工作管理，都对教学评价感兴趣，愿意将教学评价作为有效的管理手段。对现代远程教育教学模式的评价，表面上看是对教学形式、手段、方法的评价，但通过更深入的研究发现，教学形式、手段、方法的改变均离不开教学活动的几大要素，如学生、教师、教学计划、基础投入、师资队伍、教学管理水平等。只有提高整体管理水平，才能在教学模式上有所改变，并同时确保教学质量。因此要做一个现代远程教育的有效管理者，必须重视教学评价的作用。

（四）保证教育质量

我国从 20 世纪 90 年代开始对高等院校的教育教学质量开展评价工作。教育部于 2004 年 12 月 4 日下发了关于对《普通高等学校网络教育学院教学工作评估指标体系》和《现代远程教育校外学习中心（点）评估指标体系》征求意见的通知，并于 2005 年 10 月 26 日成立了“教育部高等教育教学评估中心”，专门负责组织实施高校教学评价及各项专业评估工作，履行质量监控职能。该中心将每 5 年对全国高等学校进行一轮教学评价。通过评价，保证教育质量。所以，评价是保证远程教育质量的重要组成部分，将对远程教育教学质量起到重要的保证作用。

（五）促进教育发展

评价是远程教育和普通高等教育中的一件大事，所以每一所学校都非常重视。正是因为有了评价，远程教育院校才会主动地、经常性地按评价指标和要求来规范院校的教育和教学工作，并且积累形成性评价信息。通过“教育部高等教育教学评估中心”或其他评价组织对远程教育院校开展评价，及时总结办学经验，发现存在的质量问题或隐患，并采取有效措施加以解决，势必推动远程教育教学工作健康发展。

（六）反馈教学情况

经常性的评价可以带来远程教育院校办学教学情况的信息反馈，从而让上级教育行政部门掌握情况，可以有针对性地制定有关方针政策，并进一步指导现代远程教育的发展。比如，我国广播电视大学（以下简称“电大”）成立以来，曾经有四次重大评价活动：第一次是在电大办学后的第一个十年，世界银行的项目研究（1989 年）；第二次是在电大办学后的第二个十年，教育部原电化教育办公室进行的电大教学评估（1998 年）；第三次是教育部组织的对“中央电大人才培养模式改革和开放教育试点”的中期评估（2003 年）；第四次是教育部对“中央电大人才培养模式改革和开放教育试点”的验收评估（2008 年）。经过四次评估，用人单位和学习者普遍反映：电大教育质量是好的和比较好的，在电大学习，能够使学习者提升职业素养、增强专业技能和解决问题的能力，并获得提升自己的机会。这些信息的反馈，使教育部对这所开放大学更有信心，加大了对它的支持扶持力度，也增加了对它的信任度，所以，一些重大实验项目，如“教育部一村一名大学生计划”试点项目，就交由电大实施。

评价的关键其实是建立有效的校内评价机制，或者说建立远程院校自我约束机制。而这种校内评价机制往往是同校内奖惩机制相结合进行的，这种结合因为同院校员工的切身利益息息相关，所以容易调动办学和教学人员的积极性、主动性和创造性。

第二节　远程教育教学模式的评价程序和功能

一、远程教育教学模式的评价程序

评价程序主要包括确立目标、建立指标体系、选择评价对象、资料收集、资料鉴别、评等加权量化和价值判断等步骤。

（一）确立目标

目前的评价大多是目标指向性的评价，所以，在评价实施之前要确定评价的目的。一方面是评价对象应达到的标准的确定，这是指标体系建立的依据；另一方面该次评价是为了评优、考核或分等级的终结性评价还是以发现问题、改进提高为目的的形成性评价，或是二者兼有的评价，这将对评价实施及评价结果处理产生影响。评价目的的确定是影响评价质量和效果的根本因素。

（二）建立指标体系

有的评价指标很简单，可以直接观察或测量，如学生的记忆准确程度、操作熟练程度等。然而大多数情况下的评价都是多个指标的综合评价，即把目标分为若干子目标，形成指标体系。如阅读能力就可分为速度、记忆、理解、分析等指标。此时要根据实际情况把目标分解为可以测量或观察的一些二级甚至三级指标，以保证评价的可实施性。指标体系可采用专家讨论法、可达矩阵分解法、层层分解法、主成分或因子分析法等来建立。

（三）选择评价对象

评价对象也即评价范围，主要指学习者、教师、教学内容、媒体以及学习支持系统和学习服务系统。在评价工作中必须按实际需要对评价对象加以明确，这样才能有针对性地制定评价指标和方法。

（四）资料收集

资料是评价的依据，如果资料不充足或者主观意识太强，那么评价的基础就不牢，可信度就低。所以，为实施评价而收集资料是非常必要和重要的。这些资料包括由实验、测定而得到的量化资料；也包括由观察、记录而得到的非量化资料。无论哪一种资料的收集都必须充分利用一定的时间、场合和机会，以及各类评价工具。

（五）资料鉴别

在资料收集过程中，会出现这样或那样的主观或客观的因素，影响资料的可靠性和有效性，因此，必须要对收集到的资料进行鉴别。

（六）评等加权量化

评等加权量化就是对评价对象形成综合判断。从总体上对评价对象做定性、定量的评价。

（七）价值判断

在取得评价资料之后，接下来的工作就是对评价资料进行处理、分析和利用。这中间包括对资料进行整理、分类、统计、分析、解释和利用。这项工作是从价值上对评价资料进行分析和判断的，即对教学效果做出价值上的判断。因此，它是评价本质之所在。离开了这项工作，也就失去了教学评价的意义，自然也谈不上改进今后的教学工作。所以，必须把对资料的处理、分析和利用贯穿于评价工作的全过程。

二、远程教育教学模式的评价功能

学校教育质量的提高首先取决于教学质量的提高。要提高教学质量就必须对教学提出一定的质量要求，而对教学是否达到了一定质量的判断就是教学评价。教学评价的实质就是从结果和影响两个方面对教学活动给以价值上的确认，并引导教学活动朝预定的目标发展。现代远程教育教学模式的评价同样遵循着这样的规律。

（一）反馈调节功能

评价的结果必然是一种反馈信息。这种信息既可以使教师及时知道自己的教学情况，也可以使学生得到学习成功和失败的经验，从而为师生调整教与学的行为提供客观依据。教师据此修订教学计划、改进教学方法、完善教学指导；学生据此变更学习策略、改进学习方法、增强学习的自觉性。教学评价有利于使教学过程成为一个随时都能得到调节的可控系统，使教学效果越来越接近预期的目标。

现代远程教育的教学过程是在“任何时间、任何地点”的跨越时空的教学活动。一方面教师利用现代信息技术通过网络将大量的学习资源提供给学生；另一方面学生在接受学习的同时，将不断调整学习策略，改进方法。所有的活动首先通过相互的信息反馈来完成，因此信息反馈既带来了对信息的评价，同时也带来了对方法手段的评价。体现在教学评价上，一是以指导教学为目的的对教师教学工作的评价，可以调节教师的教学工作；二是以自我调控为目的的自我评价，即学生通过自我评价加深对自我的了解，以便调整学习策略，改进学习方法，增强学习的自觉性。

（二）诊断指导功能

评价是对教学效果及其成因的分析过程，借此可以了解到教学各个方面的情况，以此判断它的成效和缺陷，矛盾和问题。例如，中央广播电视大学开展的“人才培养模式改革和开放教育”试点项目中的教学模式改革突出体现了诊断功能。在新生入学后开课前首先进行入学水平测试，即完成诊断性评价，以判断学生的学习基础；在教学过程中则进行形成性评价，即完成形成性考核，以便把握教与学的实质；在毕业年级则进行总结性评价，即完成集中实践环节和结业设计（论文）以便判断学生的学业成绩是否达到毕业水准。特别是在教学的全过程中，应适当地运用形成性评价，以更好地发挥评价的作用，促进教学质量的不断提高。教学评价如同体格检查，是对教学现状进行一次严格的科学诊断，以便为教学的决策或改进指明方向。

（三）目标导向功能

如果在进行教学评价之前，将评价的依据或条目公布给被评价人，将对被评价人下一步的教学起到导向作用。在教育信息化的进程中，评价的功能越来越为人们所重视。原因在于，在信息化的教学设计中强调以学生为中心，学生将被赋予较高的主动性和独立性，这样一来，教师将更为关注学生是否能够在学习过程中按照既定的教学目标努力。因此，事先应该将评价的标准交给学生，使他们知道教师及其他学生将如何评价他们完成的学习任务，将有助于学生调节努力方向，从而达到预想的教学目标。

（四）强化激励功能

评价对教学过程有监督和控制作用，能够反映出教师的教学效果和学生的学习成绩。经验和研究都表明，在一定限度内，经常进行记录成绩的测验对学生的学习动机具有很大的激发作用。这是因为较高的评价能给教师、学生以心理上的满足和精神上的鼓舞，可激发他们向更高目标努力；即使评价较低，也能催人深思，激起师生共同奋进的情绪，从而起到推动和督促作用。

科学的、合理的评价可以调动教师的积极性，激起学生进行学习的内部动机，使教师和学生都把注意力集中在教学任务的某些重要部分。对于教师来说，客观的、适时的评价，可以使教师明确教学工作中需要努力的方向；对学生来说，适时的评价如形成性评价、诊断性评价等，有助于提高学习的积极性。教与学的互动、协同合作工作更需要对教师、学生及外部因素的综合评价来指导。在虚拟环境中，教师只能面对想象中的学生进行教学的组织、指导活动，因为没有来自学生心理上、生理上的反馈，就无法亲身体验教与学对教学任务的评判，适时的评价工作能够给予教师合理的评判，以便其选择更为明确的教学方向。由此可见，评价所带来的激励功能是最及时、最有效的。

第三节　远程教育教学评价的原则与分类

一、远程教育教学评价的原则

为了做好远程教育教学评价工作，必须要根据远程教育的规律和特点，确定一些基本要求，作为评价的指导思想和实施准则。远程教育教学评价仍属于教育评价的子范畴，因此，在实施远程教育教学评价时，仍然要遵循教育评价的客观性、整体性、指导性和科学性原则。除此之外，还应把握以下几个原则。

（一）全面系统原则

全面系统就是在远程教育质量评价活动中必须坚持全面系统地收集有关教育活动过程及其结果的真实信息，以便对远程教育质量做出科学的价值判断。因此，现代远程教育质量评价不仅包括输入、过程和输出三个要素，还要考虑自身的培养目标和培养方向问题；输入要素主要是指基本条件和支持服务，具体包括基础设施、师资队伍、教学资源等内容；过程要素主要是指教学和学习过程，包括授课过程、辅导答疑、考试测评、信息反馈、实践环节等内容；输出要素主要是指学习者的学习效果和自我评价，包括学习者自我评价、学习者满意度等内容。

除此之外，还必须引入社会评价机制。针对现代远程教育的培养目标和培养方向，由社会（政府、中介机构或用人单位）对学习者的综合素质和能力以及专业技术素质和能力做出评判。在以上总框架下，再来设计每个要素的具体评价指标，这样就避免了评价要素的疏漏与偏颇。如果评价要素缺失或评价所依据的信息不全面、不系统，就不可能做出科学的现代远程教育质量评价结论。

（二）适应目标原则

评价远程教育教学是针对网络本身的运行状态，还是网上的教学信息资源？是针对学习者的学习结果，还是网络课程开发者的设计思想或教学策略？对什么对象进行评价一定要清楚。但在现实中，往往评价的对象并不明确，大都指向网络课程或网上学习资源，而忽视了学习者和教育者，也忽视了远程教学活动过程。

教育质量的评价标准是由教育价值观决定的，而教育价值观是与教育的培养目标相统一的。我国现代的远程教育是大众化的教育，主要针对在职人员的综合素质提升和职业技能的发展，这与普通高等教育的培养目标有区别，因此，不能用普通高等教育的质量评价标准来衡量现代远程教育的质量，不同的培养目标就应该有与之相适应的质量标准。现代远程教育有其自身的特殊性，因此必须建立与之相适应的独具特色的教育质量评价指标体系，这样才能适应社会对教育多样化的需求，从而促进教育良性发展。

（三）客观公正原则

客观公正原则就是要求在质量评价活动过程中，坚持以事实为依据，以质量标准为准绳，站在公正的立场上，不掺杂个人情感，排除一切干扰，对现代远程教育质量做出实事求是的价值评判。虽然教育质量评价指标是一个动态发展的概念，且会因评价主体的价值观念而存在差异，但它毕竟是有一定客观基础的。任何事物都有其本来面目，可即便如此，教育研究者或管理者在设计具体的现代远程教育质量评价指标时也应尽量避免出现模糊性和主观性较强的条款，以使评价结果客观公正。

（四）内外互补原则

现代远程教育质量保证包含内部质量保证和外部质量保证两个部分。内部质量保证侧重于教育机构对自身教育质量的形成过程所做的自我评估，外部质量保证侧重于政府、社会对教育机构培养出来的人才的质量所做的价值评估。在设计现代远程教育质量评价指标时，应避免因不同的主体而导致评价有遗漏和偏颇。虽然不同的评价主体所处的立场不同，对教育质量的感受可能存在差异，但二者应尽量达成相近的人才质量价值观，做到内外互补。

另外，虽然“教育人”评教育可能更专业、更权威，但如果引进社会“教育外行人”也参与对现代远程教育质量的评价，是否能使得评价结果更“丰满”？这样是否能够集中更广泛的智慧来改进教育质量的创造过程和提高教育质量的水平？

（五）实事求是原则

在进行现代远程教育教学评价时，一定要坚持实事求是的态度，具体问题具体分析，一切从网络运用和服务于培养目标出发来考虑问题。

比如，在互联网刚刚兴起时，人们认为网络无所不能，因而网络泡沫泛滥。经过几年的实践，人们对互联网适合做什么、不适合做什么有了比较清晰的认识。现代远程教育也是这样，它有自己的特殊优势，也有自己不可避免的局限性。如果认为远程教育必须借助网络开展，否则就不叫远程教育，这不是实事求是的态度。

（六）资源多样原则

对网络教学资源的评价，不仅要评价网上的教学信息资源，还要注意分析和考虑对网络教学产生影响的学习资源。虽然网络上的学习资源直接或间接地来源于现实生活，或来自其他媒体，但这并不意味着现实生活中存在的学习资源就不会对网络教学产生影响。如果忽视了这一点，对远程教育教学的评价以及发展都是有害的。

（七）有效评价原则

现代远程教育教学评价标准的有效性是指，其所确立的标准应能体现出现代远程教育的特点，能被从事具体工作的人员认可和接受，使参加远程学习的学生满意。为此，现代远程教育教学评价标准的确立，应做到充分考虑评价主体的需要，将价值标准贯穿于评价标准当中，尊重并充分体现出现代远程教育教学的特点。

（八）综合性原则

现代远程教育教学评价标准制定的综合性原则，是由评价主体和客体的复杂性所决定的。评价活动中，虽然不同的主客体会有不同的需要，但是，科学、公正的评价活动应遵循综合性的原则，充分考虑各方在质量上的不同要求，最大限度地考虑和整合各方的要求。综合性原则在评价标准制定上的体现，还有利于减少重复评价、频繁评价所带来的各种负担，最大限度地提高评价活动的运行效率和效益。

二、远程教育教学评价的分类

（一）按评价的主体分类

根据主体不同，可以分为教育的个体评价与教育的社会评价两种类型。

1. 教育的个体评价

教育的个体评价是指学习者从自身的需要、利益、情感出发，对教育进行价值判断。这里所谓的个体是一个广义的概念，它既可以是一个人，也可以是一个具有共同利益的群体。个体评价又可以分为个体的自我评价和个体对他人他事的评价。人们总是通过接收外界对其的反馈信息进行自我评价，以调整自己的行为。例如，学生经常进行某门课程的自检自测，用来评价自己掌握所学知识的程度，以决定今后的学习内容和学习进度。个体对他人他事的评价也经常发生，例如，学生对教师的评价，学生对教学资源的评价等。

2. 教育的社会评价

教育的社会评价是从国家与地区的需要出发进行的教育评价。社会对教育的需要有当前需要与长远需要之分，与之相对应的有社会对教育的现时评价和社会对教育的历史评价两种类型。社会对教育的现时评价是以满足社会当前需要为价值尺度的教育评价；社会对教育的历史评价是以满足社会长远需要为价值尺度的教育评价。人们常从社会需要的角度去考虑教育改革问题，评价过去，预测未来。

（二）按评价的功能分类

根据评价工作的任务和发生时间的不同，美国学者斯克里芬（Scriven）把评价分为形成性评价和总结性评价两类。而对于远程教育教学来说，为了便于提供适于学习者特征的学习目标、内容与策略等，还需对学习者进行诊断性评价。

1. 形成性评价

形成性评价指的是在某项教学活动开展的过程中，为使教学活动开展得更好而进行的评价。它能及时反映阶段教学的效果和学生学习的进展情况及存在的问题等，以便及时调整和改进教学。建构主义认为，应该注重对学习者的学习过程的分析和评价，支持和鼓励创新思维和能力的培养，从而正确地对学习者的最终学习效果进行评价。既然形成性评价是在形成阶段中进行的，那就要尽一切努力用它来改进这一过程。

2. 总结性评价

总结性评价是指在教学活动完成后对网络教学活动的最终效果所进行的价值判断。总结性评价的目的在于评定教学目标的达到程度，检查教学工作的优劣，考核学生的最终成绩，把握教学活动的最终效果，给出教学与学习的最终评价结论。总结性评价的方式主要是总结性测验。在网络教学中，总结性评价将对学习者的学习活动和教师的教学状况给出最终的评价，涉及学生的结业毕业和评奖等。

3. 诊断性评价

诊断性评价也称学前评价或前置评价。它是指为了使教学适合于学习者的需要和背景，而在一门课程或在一个学习单元开始之前对学习者所具有的认知、情感和技能方面的条件进行的评价。评价的结果将作为教学设计、教学方法选择的依据，也将作为学习者制订学习目标和计划、选择学习方式和内容的依据。在网络教学的诊断性评价中，依据评价目标对学习者的现有知识和能力进行测试，对于他的知识背景、学习条件、学习要求、学习态度等通过问卷来了解，并根据测试的数据和问卷的统计结果给出评价结果。这样，就能在教学中依据评价的结果对学生分组，对不同的学生提供适合他自己的学习资源，并且依据不同学习者的特点进行教学设计，并选择适当的教学进度、策略和方法。这种评价方式只针对学习者进行。

（三）按评价的方法分类

按照评价分析方法的不同，可分为定性评价和定量评价。定性评价是对评价做“质”的分析，是运用分析和结合、比较和分类、归纳和演绎等逻辑分析的方法对所获取的数据资料进行思维加工。分析的结果一种是描述性材料，数量化水平较低甚至没有数量化；而另一种是与定量分析密切结合的定性分析。一般情况下定性评价不仅用于对成果或产品的评价分析，更重视对过程和相互关系的动态分析。定量评价则是从量的角度运用统计分析、多元分析等方法，从复杂纷乱的评价数据中总结出规律性的结论。由于教学所涉及的因素是比较复杂的，因此为了揭示数据的特征和规律性，定量评价的方向、范围必须由定性评价来规定。可以说，定性评价与定量评价是密不可分的，二者互为基础、互相补充，切不可片面强调一方而偏废另一方。

传统的教学评价，侧重于学习者掌握知识的数量和程度，因此可以用定量的方法，即搜集学习者的各种成绩数据，运用数理统计、多元分析等方法进行处理，提取出规律性的结论。对于学习者的非智力因素，因为多是用语言加以描述的，所以多采用定性评价，评价的结果也是没有数量化的描述性的资料。

（四）按评价范围划分

1. 综合质量评价

综合质量评价是对现代远程教育院校或办学单位的综合办学质量进行的评价，评价指标涉及办学和教学的方方面面。主要包括对学习者的评价；对教师的评价；对教学资源的评价；对教学管理的评价；对学习支持服务的评价；等等。

2. 单项质量评价

单项质量评价是对现代远程教育院校或办学单位的某项内容的质量评价，比如，对教学资源建设和利用的评价，对学生自主学习质量的评价等，因此它的评价目标比较单一。

三、远程教育教学评价的要素

教育评价包括对学习者的发展变化和构成变化的各种因素的评价。从宏观上说，是对整个教育系统进行评价，包括教育管理体制、师资建设、学校办学水平等方面；从微观教学系统来看，则应从学生、教师、教学内容和媒体四要素上着手。但是，在远程教育教学中，学习者不再从教师那里直接获取信息，而是自主地在远程教学支撑平台中进行各种学习活动。要保证学习者能顺利进行学习并且取得成功，不仅要考虑以上四个要素，还要具有比较完善的学习支持与服务系统。

（一）对学习者的评价

学习者是学习的主体，远程教学的主要目的是向学习者提供学习的途径、资源和方法，使学生获得知识与技能。因此，对学习者的评价是远程教育教学评价的主体内容，具体来说，其包括以下几项内容。

1. 交互程度

目前，许多远程教学仅仅将课程当作对课本的搬家。在网络上的学习资源是大量的文本、图片资料，学习者的任务是阅读大量的材料，然后去做教师设计好的练习题或进行考试。这种网上学习对于学习者来说，只是资料的浏览和练习，网络课程也仅仅是课本的代言人，这对学习者的认知领域和情感领域的发展是极为不利的。

远程教育的研究与实践都已充分表明，交互对于学习动机的激发与保持是极为重要的。事实上，E-mail、BBS、聊天室、视频会议等网络相关技术的不断发展与成熟已使网络环境下的交互变得相当便捷。在进行教学设计时应考虑利用这些工具来促进学习者与学习者、学习者与教师、学习者与学习材料之间的交互。对学习者交互程度的评价可以通过记录学习者使用远程教学支撑平台中的各种交流工具的频次进行。

2. 答疑情况

在网络学习过程中，学习者向教师或相关专家请教问题是不可避免的。通过答疑，学习者可以更加深入地理解学习的主题，促进知识意义的建构。对答疑情况的评价可以通过记录学习者请教问题的次数进行。

3. 作业

根据作业的完成情况与得分，提供学习者平时知识点掌握程度的信息和作业完成情况的信息，评价系统据此生成反映学生知识点掌握程度和作业完成情况的评价。作业的设计不能只强调对知识点的考查，还应注重对学习者问题解决能力的考查。

4. 考试

考试是对学习者的学习情况做一阶段性的评定。评价系统据此生成反映学习者知识点掌握程度及问题解决情况的评价，并为学习者的下一步学习提供改进意见。

对学习者的评价可以通过教师评价、同伴评价以及学习者自评进行。不同的学习方式可以采用不同的评价手段，如协作学习效果的评价，可以通过教师评价、同伴评价和学习者自评实现；而对于自主学习，采用学习者自评更为有效。事实上，对于远程学习，最为有效的评价是让学习者去完成一个真实任务，并让学习者对自己的意义建构情况做出合适的评价。不管是教师评价还是同伴评价，并不是能真正决定学习者意义建构的评价，这两种评价手段的最终效果只是用来促进学习者的自我评价。

（二）对教师的评价

远程教育事业的发展迫切需要一支优秀的师资队伍。因此，有效的教师评价制度显得尤为重要。构建科学合理的教师评价制度的基本框架，进一步完善远程教育教师评价指标体系，能够促进教师评价制度不断适应远程教育事业的发展。

教学的过程是一个不断改进和提高的过程，只有不断地对教师的工作提出改进意见，不断提高教学的质量，教学才能获得持续的发展。在网络教学环境中，学生与教师的地位发生了改变，教师成为学生学习的辅助者而不再是单纯的信息传递者。信息的传递主要由网络系统完成，网络与教师所提供的教学资源作为主要的学习内容仍然是主要的教学信息。网络教学是提供实时和非实时的学习方式，单单一个教师不可能完成所有的教学任务。因此，在网络教学中应该依据分工的不同把教师分为主讲教师和主持教师。主讲教师主要是依据教学目标，采取相应的教学策略和手段，对学习过程进行组织，进行教学内容的设计、课件的制作。主持教师主要是针对学生提出的问题依据教学目标予以解答。

与对学生的评价一样，对教师的评价也同样不能“一试定终身”。对教师的评价主要包括五个方面，即师生交互程度、作业与答疑情况、教学活动的组织情况、学习材料的提供情况和学生的考试情况。

（三）对教学内容的评价

网络教学中的教学内容是一个广义的概念，不仅指教师提供的网络课件，还包括教师提供的其他学习资料以及互联网提供的资源。对网络课件的评价包括课件内容、结构与导航、练习与反馈、技术性、交互性等五个方面。

（四）对网络教学支撑平台的评价

无论是传统的教学还是远程的网络教学，都必须通过一定的媒介在学生与教师之间传递特定的信息。在网络环境下，教学信息的传递通过网络媒介进行。为了有效组织网络教学活动，远程网络教学的实施通常以网络教学支撑平台为基础。网络教学支撑平台的评价包括技术系统的评价和教学系统的评价。

技术系统即网络系统本身。教学系统包括答疑系统（提供多种答疑渠道）、自主学习系统（提供有效的资源和讨论学习、协作学习、探索学习的工具）、辅助教学系统（提供方便的教学设计模板，协助教师完成课程的组织和课件的制作）等。

四、远程教育教学评价的发展趋势

（一）教育评价逐步成为政府部门进行教育管理的常规性工作

教育评价成了政府部门的管理措施之一，并发展成为政府部门的教育决策服务。例如，在《中华人民共和国教育法》中明确指出："国家实行教育督导制度和学校及其他教育机构教育评估制度。"在《中国教育改革和发展纲要》中也指出："建立各级各类教育的质量标准和评价指标体系，各地教育部门要把检查评价学校教育质量作为一项经常性的任务。"同时还指出："对职业技术教育和高等教育，要采取领导、专家和用人部门相结合的方法，通过多种形式进行质量评价和检查。各类学校都要重视、了解用人单位对毕业生质量的评价。"目前，我国各级政府设立的教育督导室所做的工作之一就是教育评价工作，并为政府的教育措施、教育决策服务。

（二）评价内容的全面性与评价方法的综合性

以前的教育评价主要是针对学生和教师进行评价，而现代教育评价则以教育全领域为评价对象。它不仅对学生、教师进行评价，而且对教育目标、教育机构、人才培养模式、教育过程、学科建设、课程体系、教育科研水平等各层面进行全方位评价。为了保证教育评价的准确性，必须把各种教育评价方法综合运用，如定性评价与定量评价相结合、自评与专家组评价相结合等。这种使用综合评价方法对教育进行全方位评价的特点在今后会更加明显。

（三）注重教育评价的教育性功能

在教育评价中，人们最初重视的是教育评价的管理性作用；注重教育评价的教育性作用是教育评价的一大进步。教育评价作为教育活动的重要组成部分，应服务于教育，成为实现教育目标的促进力量。当前，形成性评价和教育过程评价的出现和发展突出了教育评价的教育性作用。在未来，这一方面的作用将得到进一步加强。

（四）教育评价技术更具现代化

新科学方法的引入，进一步完善和丰富了教育评价方法。例如，将模糊数学引入教育评价，解决了教育评价中遇到的大量定性的教育现象的评价问题；再如把系统论引入教育评价，可以站在客观的角度去评价具体的教育现象，使评价更具全面性、科学性。

另外，随着计算机网络的不断发展与应用，教育评价出现了自动化、信息化和远程化的趋势。目前已经开发了很多教育评价软件，实现了数据处理的现代化，减轻了繁重的手工劳动，有力地推动了教育评价理论与技术的发展。教育评价伴随着社会的进步、经济的发展，一定会不断创新，在教育领域起到不可替代的作用。

五、远程教育教学评价的改革意见

（一）实行多元化评价

1. 评价内容多样化

评价内容多样化是指不以学习者单纯的记忆性知识考核为重点，而是注重考核学习者的学习能力、解决实际问题的能力和动手能力。

2. 学习评价方式与手段的多样化

学习评价方式与手段的多样化体现为在线评价、纸质评价、形成性考核与总结性考核等相结合。

3. 评价主体多样化

评价主体多样化是指除了学校对学习者的学习评价外，还要考虑班级评价、学习者自我评价与社会评价。

4. 评价标准多样化

评价标准多样化表现为因层次不同而有别，同一学科内不同单元的评价内容、标准不同。

（二）加大远程教育教师的责任

远程教育教师要提高对学习评价改革的认识，远程教育学习评价改革是以促进在职成人的全面发展为目的的改革，多元化学习评价是改革方向。远程教育教师要了解、关注每个学习者的学习成长过程，对每位学习者的学习进步承担一定责任；远程教育教师要增强主观判断的客观性，控制自我情感，全面公正地评价学习者的学习；远程教育教师形成课程团队，合作开展教学和学习评价，合作开展学科、教学研究，探索和实施学习评价的改革。

（三）进行建、教、学、评的一体化设计

学习评价改革作为人才培养和教学改革的切入点，应从课程开发入手，直至教学实施，把学习评价改革与课程建设、教学实施等相结合，进行一体化设计。学习评价改革仍然以培养目标为依据和主线，并贯穿教学内容确定、学习活动设计、学习评价标准制定等的全过程中。学习评价方式的设计要综合考虑学习者特点、课程特点、学习过程要求等方面，进而多样化地开展学习评价。

第七章 远程教育教学团队建设

教学质量是学校的生命线，高素质的远程教育教学团队是全面提高远程教育教学质量的保证。基于网络的远程教育教学团队建设是探索远程教育人才培养模式的关键要素。本章分为远程教育教学团队的基本特征、远程教育教学团队的基本构成、远程教育教学团队的功能三部分，主要内容包括远程教育教学团队建设的必要性、网络教育学院、教师团队、管理团队等方面。

第一节 远程教育教学团队建设意义及基本特征

我国对于教学团队的研究起步于20世纪90年代后期。2007年初，教育部和财政部联合发布《关于实施高等学校本科教学质量与教学改革工程的意见》，明确提出要加强教学团队与高水平的教师队伍建设。随后，围绕“教学团队”这一课题，学者们做了大量的研究工作。根据我国专家学者对教学团队的研究，其定义可总结为，以提高教师教学水平、提高教学质量为总体目标，以少数在学历、年龄、知识结构等方面优势互补的教师为主体，在团队带头人的带领下，分工协作，开展教学改革，从事创新性教学活动的团队。一个高水平、高效的教学团队应该具有共同的远大目标、明晰的教学目标、有效的领导和良好的沟通。

一、远程教育教学团队建设的必要性

（一）改革课程教学模式的需要

实际教学过程中，各学校的面授辅导课课时安排参差不齐，面授重点难点不能形成统一共识。同时随着大学生的质量整体提高，学生的需求发生了巨大

的变化，由早前的学历提升需求转变为当前的应用型需求，从而对传统的教学模式提出了挑战。为了能够给学生提供更好的教学服务，需要进行远程教育教学团队建设。

（二）提升课程教学质量的需要

很多学校都有自己的课程教学平台，平台不仅栏目多，资源项目也完备。国家开放大学、省级电大和各教学点三级电大平台之间存在资源交叉重复等现象。同时，各教学点在长期的教学实践中，都有各自独特的教学模式，课程网络教学形式及效果也参差不齐。因而必须把系统内部分散的软件硬件资源进行集中、整合和虚拟化，加强远程教育教学团队建设，提高电大系统整体的教学质量。

（三）提升教师个人发展的需要

远程教育教师队伍有一个很明显的特征就是，一线教师数量少，师资水平偏弱，教师一人身兼多职现象普遍，且平时教学任务繁重，有的教师需要负责十多门课程，甚至负责不同的专业。互联网的快速发展，对教师各方面能力也提出了更高的要求，教师不仅要进行资源的制作，又要进行教学模式的改革，教师很难集中精力发展自身的专业。因而，需要进行远程教育教学团队建设，以优化师资力量，为教师的个人发展创造条件。

二、远程教育教学团队的特征

（一）远程教育教学团队的教师特征

现代远程教育的出现，使人们头脑中原有的“教师”观念受到了前所未有的冲击。现代远程教育中，“教师”的角色已被其他新型的社会教育职业群体所分担。除了“讲课”“答疑”等传统意义上的教师外，软件工程师、电脑美术设计师、教育心理学家以及从事教学节目策划、设计、摄制、解说的人员都是现代远程教育教师的重要组成部分。

现代远程教育的特点决定了其教学模式必然与传统的面授教学模式有根本的区别。传统的面授教学主要是以教师为主体，以灌输式教学模式把知识传授给学生。而现代远程教育由于教师与学生处于“准永久性的分离状态”，学生成了学习的主体。现代学习心理研究证明，学习不是简单的知识接纳过程，而是学习者的自主建构过程，学习内容不仅包括知识信息，而且包括价值观念、行为规范等。现代远程教育中，学生是信息加工的主体，教师传递的只是信息而非知识，信息只有通过学生的主动建构才能成为其认知结构中的知识。教师的作用表现为指导学生获取、选择、处理和利用信息，帮助学生解决学习中出现的知识性、技术性、情感性以及人际交往、伦理道德等方面的问题。现代远程教育教师的特点表现为以下四个方面。

1. 从传统的“讲”师变成“导”师

传统面授教学中，教师是讲台上的“圣人”，课讲得好不好是衡量教师水平的重要指标之一。学生获取信息的主要来源是教师，教师讲什么，学生即获得什么。而在现代远程教育环境中，“学习者控制”成为重要特征。学生学习什么，学多少内容，按照什么顺序学习，都由学生自己决定，前提是事先由资源提供者提供信息丰富、功能完善的网络资源。教师的职能实际上变成了导师，导师只是对学生进行开放型的引导，这种引导不局限于学习的具体内容，更倾向于给学生的内在态度和高级策略带来提高，效果可能不会马上表现出来，却使学生终身受益。

2. 从传统的“权威”主体变成“平等”主体

传统面授教学中，教师是权威的象征。教师要给学生一“勺”，自己必须具备一“桶”。因此，在学生的心目中，教师是知识的化身，具有无可挑战的权威性。而现代远程教育是一个开放的学习环境，学生看不见权威的教师，只是在网络的一端自主地学习，遇到问题则可毫无顾忌地与网络另一端的某一个人（这个人有可能是教师，也可能是其他学习者）进行交流、讨论。从某种意义上讲，教师也是一个学习者，他从与学生的平等交流、切磋中获取知识。因为在某些方面，学生的知识技能可能高于对方，那么此时学生即“老师”。即使交流的双方某方面的知识技能相近，二者也是互相讨论的学习伙伴。

3. 从传统的“中心”位置变成“辅助”位置

传统面授教学中，“教”与“学”的过程是同时进行的。教师是教学的中心，掌握着教学的内容、进度，学生被动地跟着教师转。而现代远程教育以学生为中心，学生是学习的主体。学生为中心的优点是，能充分调动学生的学习积极性而不是被动地学习。认知心理学家普遍认为学习是一个积极主动的过程，当给予学生建构其知识结构以及获得对知识之间的关系的个人理解的机会时，有意义的学习就会发生。教师主要给学生以帮助，尤其是当学生遇到挫折时给学生以激励。

4. 从传统的“单打独斗”变成“团队协作”

传统面授教学中，教师的工作是“单打独斗”，备课、讲课、答疑、批改作业等都由主讲教师一人完成，与别的教师基本没有关系。而现代远程教育的教师不再是“单打独斗”，在强调每个教师更加专业化的同时，更强调团队协作，将他们按不同的需要和各自的专长分为学科和课程专家、教学设计专家、媒体设计专家、主讲教师、网络学习导航员等，他们共同对学生的学习发挥作用。

（二）远程教育教学团队的结构特征

在现代远程教育中，很难想象一个人能同时担任上述全部角色，不论是从知识背景还是精力限度来说，都是不可能完成的。也就是说，现代远程教育的教师需要由不同知识背景的人来分别担任。

1. 专业结构

从专业结构的角度来说，现代远程教育所需要的应该是具备较深专业知识的专职教师。因为他们的主要工作是“面对”学生，与学生直接交流，他们是其他院系的兼职教师无法替代的，其他院系的兼职教师也是没有精力来很好完成这一工作的。因此，开设了哪些专业，就需要具备这些专业知识的专职主持教师和学习效果评估者。

2. 技能结构

从技能结构的角度来说，教学设计者和媒体设计者应该是具备相应技能的专职教师，他们无法由其他院系面授的教师替代。因为他们不一定要具备所开设专业的专业知识背景，但一定要具备现代远程教育的理论背景，要具备现代教育技术、网络技术、多媒体技术等方面的技能，他们就像一个个特级厨师，把各种原料、材料、佐料等恰到好处地运用，制成各种色、香、味俱全的美味佳肴并呈现在食客——学生的面前。因此，他们是保证学生产生学习兴趣并坚持到底和引发深层学习的关键。

3. 数量结构

现代远程教育也存在科学的师生比。现代远程教育的特点导致了学习人数的不限定性，也就是说，从理论上讲，现代远程教育可以让无限多的人同时参加学习。但是实际上，除了网络技术因素的制约外，教师也是一个重要的制约因素。参加网络学习的学生越多，对主持教师、学习效果评估者的相应要求就越多，否则就不能满足学习者的网上学习要求。学生越多，说明对网络资源的需求也越多，因此，教学设计者和媒体设计者必然要增多。现代远程教育中的师生比最大不能超过 1∶50，其中作为主持教师和学习效果评估者的专业教师占绝对比重。只有保证科学的师生比，才能保证现代远程教育的教育质量。目前，现代远程教育要达到这一师生比有一定困难，因此必须有一部分兼职教师。

第二节 远程教育教学团队的建设

一、网络教育学院建设

目前，由教育部批准举办远程教育的普通高校有 70 多所（有几所高校已退出远程学历教育），这些高校的远程教育均由网络教育学院负责开办，它们的教师团队基本由四部分构成，即专家顾问团队、课程教学团队、支持服务团队、专业管理团队。

网络教育学院教学团队的构成涵盖了各种网络学院的各个专业的整体情况，对于某个特定的网络学院来说，其教学团队的构成并没有这么复杂。例如，北京邮电大学网络教育学院，同一个专业的几名专职教师就可以构成一个教学团队。这些专职教师不仅负责资源建设，同时负责考试和学习辅导等相关工作，每个学期会安排几次实时或者非实时的教学活动。对于一般性的网络教育学院来说，学生的学科问题并不多，主要是通过自学完成作业及期末考试，因此，对于教师来说，平时的答疑或者支持服务的工作也并不是很多。

二、教师团队建设

（一）教师团队概述

教师是人类科学文化知识和思想品德观念的继承者、传播者，是新知识、新文化的创造者，是塑造人们灵魂的工程师。“学校的性质和方向并不是由地方组织的良好愿望决定的，不是由学校委员会决定的，也不是《教学大纲》等决定的，而是由教学人员决定的。”教师的这种特殊地位和作用，决定了教师必须具有为人师表的品德和精神境界，具有比较渊博的科学知识和比较强的科研能力，认真学习和掌握教育科学理论与教学艺术，担负起教书育人的历史使命，努力为国家和民族的振兴与发展贡献力量。

邓小平深刻地告诫我们："一个学校能不能为社会主义建设培养合格的人才，关键在教师。"这说明了我们办教育的目的是培养合格的人才，而培养合格的人才必须有合格的教师。教师必须德才兼备，为培养人才全心全意服务，也就是说忠诚地献身于教育事业，忠诚地为学生服务。

现代远程教育是由现代科学技术武装起来的开放性大空间教育。从事这种教育的教师不仅应具有上述教师所共有的地位、作用和素质，还必须学习、探索和掌握远程开放教育理论、观念、规律，以及多媒体教学技能和教学方法。远程开放教育的教师应具有更高的教师素质和教学水平。现代远程教育是一种开放性的多层次、多形式、多规格、多功能的教育体系。它涵盖着成人教育和青少年教育，岗位培训与继续教育，城市教育和农村教育，职业技术教育、研究生教育、本专科教育、中专教育和各种非学历教育等。面对这样庞大多项的远程教育，需要建设一支集教学、科研、管理和服务于一身的一专多能的、有一定学术造诣的教师队伍。

（二）教师团队的工作内容

1. 教学设计

教学设计是20世纪60年代末、70年代初形成于教育技术学领域的一种现代教学技术。教学设计是指为实现教学目标将教学内容按照预定方案呈现的过程。它包括分析教学目标、分析学习者特征和学习内容特征、设计学习任务、设计学习情境、设计学习资源、提供认知工具、设计自主学习策略、设计教学评价等具体内容。

简单地说，它包括确定教学目标和要求、分解知识点、分析重点和难点、确定教学内容的呈现方式、确定各个教学环节的安排。现代远程教育的教学设计，要贯彻"多种媒体综合运用、各种教学环节穿插安排"的原则，做到观念更新、教法革新、内容从新和评价创新。现代远程教育教学过程中使用的教学媒体，有文字的、图片的、视频的、音频的和网络的。

"多种媒体综合运用"是指，在教学过程中要结合教学目标恰当地使用媒体，为学生提供认知工具，呈现学习材料。

"各种教学环节穿插安排"是指，除了学生自主化学习和面授辅导外，还应适时地安排小组学习、实践教学等环节。要通过教学设计形成课程教学进度表。在该进度表中，教学方式分别为自学、面授辅导、小组讨论、社会调查及网上论坛等。使用媒体是指学生自学、小组讨论或教师面授辅导时，采用的学习资源的形式，比如，电子教案、VCD、录像、录音和网页等。教学地点是指小组活动或实践教学的地点，如某实践基地。

所谓观念更新，就是教学设计要以教学模式改革为宗旨，按照现代远程教育的教学特点，在现代学习理论的指导下，安排教学内容和各个教学环节，推动教学模式的改革。

所谓教法创新，是指在学习形式上既要以个别化学习为主，又要能便于学生的交互；在学习材料呈现的形式上，要多种载体兼备，既有网络资源，又有离线学习资源。网络课程应该是以学习过程设计为中心的，而且网上学习过程具有利用信息资源的有利条件。

所谓内容从新，是指在教学内容安排上，要以学习资源为支撑，重点难点的分析、案例教学应成为面授教学的主要内容，也可以作为串联教学内容的主线。案例教学，对于一些课程来说，具有独特的教学效果，因为它适合于学习者讨论，能够引导学习者综合运用知识。

在学习效果的评价上，要有适于学生自我测试、自我检验的作业。这种作业可以作为考核学生学习过程的依据。

2. 教材制作

制作教学材料是课程教学工作的一个组成部分，也是教学资源建设的一部分。按教学设计所确定的教学内容呈现方式，把学习材料制作成CAI课件、课程网页、电子教案及自检自测材料等。

制作教学材料时，在学习材料呈现的形式上，要多种载体兼备，既有网络资源，又有离线学习资源。网络资源的建设，应当以学生自主学习为中心、以异步学习为基础，尽可能做到去营造一种有助于学生进行探究性学习的环境，有适于学生自我测试、自我检验的材料。对于不具备上网条件的地区，这是很重要的学习材料。

现代远程教育是基于计算机网络技术和计算机多媒体技术的教育。因此，充分利用网络建立学生学习的环境、展示学习内容，是教学资源建设的重头戏。根据几年来的实践，课程网页被认为是一种简单易制作的网上学习材料，网页内容一般分为常驻信息和定时更新的信息两大块。

几年来的实践证明，建立网上学习平台，是教学工作能够“活”起来的重要工具。网上教学平台，除了展示学习内容之外，还应有足够数量的课程题库，可以让学生复习、自检自测。而系统有自动记录学生学习时间、学习内容，以及作业批阅的功能，这既是一种教学资源，又是一种认知工具。

3. 教学组织

教学组织是现代远程教育教师教学工作的一个组成部分，包括面授教学、指导小组学习活动、指导实践教学、指导实验和实习及答疑等教学活动。

现代远程教育的面授教学是辅助教学，它不同于传统的系统讲授模式，而是一种指导式的教学活动。面授教学讲授的内容主要是指导学生如何把握课程的重点和主线，如何突破难点。课堂上，教师不一定采取单纯讲授的形式，也可以是课堂讨论的形式。

在现代远程教育的面授辅导中，倡导案例教学，让学生通过对案例的观察与分析，把涉及的各个方面的学习内容串联起来，综合运用，十分有利于学生培养分析问题的能力。以案例学习为重点，也是学生学习的重要策略之一。

小组学习活动是现代远程教育学生集体学习的形式之一。

小组学习活动分为两种：一种是教师在教学进度表中安排的；一种是学生自发组织的。教师安排的小组学习活动，往往是专题性的或者是案例型的，教学目标更明确，适宜所有成员参加。每门课程的第一次小组学习活动，往往与整个学期课程教学的安排有关，与整个学期的活动安排有关，适宜所有成员都参加。学生自发组织的小组学习活动，主题更加灵活多变，更适合于单元复习或总复习，采用讨论的形式，互相取长补短。

实践教学是现代远程教育教学模式改革中的一个方面，实践教学分为两块：一块是所谓的“规定动作”；一块是“自选动作”。难点在于“自选动作”的选择和操作。

“规定动作”即教学大纲或实施细则规定的在教学进程中必须完成的实验（如材料强度测试、会计凭证制作）、实习（考察）、社会调查等。这种规定动作在普通高等学校的教学中，也是普通的教学环节，并为大家所熟悉，难度并不大，组织学生按照指导书的要求来做，大体能够顺利完成。

“自选动作”指的是教学计划或教学大纲中没有规定，需由教师根据教学目标自行设计的实践教学活动。“自选动作”应该是教师在对学习过程的认知条件、认知因素进行深入研究的基础上，设计提出的一些实践教学活动。这种活动应该在发现式学习的情境下，由学生主动学习，让其把新知识、新概念与原先的认知结构建立起“非任意的实质性”联系，使学习能够实现设定的教学目标，并使学生在学习能力上也得到提高。

（三）教师团队的建设原则

远程教育的师资队伍建设比普通教育的师资队伍建设存在着更复杂的相关因素：它既有普通教育师资队伍建设的共性，又有自己的特性和要求；既要遵循一般教育的原则，也要遵循远程教育的个性原则。具体来说，提出以下几条原则作为远程教育师资队伍建设的参考。

1. 适应性原则

远程教育师资队伍建设，既要适应现时远程教育教学、科研、管理的需要，有利于现时的教育、教学活动的实施，也要适应远程教育发展趋势的需要。根据需要，参照发展战略目标构建适应现代远程教育发展需要的高质量、高效率的师资队伍。

2. 专兼职相结合原则

远程教育最大的特点是“灵活多样”“按需施教”。随着现代科学技术的迅速发展，新的生产部门不断增多，原有的产品、部门也不断地更新、换代，新兴学科不断涌现。社会对人才、技术的需求不断变化，知识更新周期渐趋缩短。对此，远程教育必须具有一支多功能的教师队伍以适应时代发展的需要。只依靠专职教师是不可能胜任的，必须合理有效地借助普通教育、科研机构、企事业部门等社会力量才能满足社会对人才、知识、技术的需要。如果没有一支数量相当、结构合理、能够深入掌握远程教育特点的专职教师队伍为骨干力量，远程教育的质量将难以保证，远程教育的教学优势也难以发挥。因此，应遵循以专职教师为主干，兼职教师为依托的专兼职相结合的原则进行现代远程教育的师资队伍建设。

3. 结构合理、质量第一原则

远程教育师资队伍建设在编制管理上要体现结构合理、质量第一的原则。

（1）结构合理

教师队伍的构成要有合理的、适应需要的年龄结构、职称结构、学历结构、知识结构和学科结构，以期最大限度地发挥远程教育师资队伍的整体效应。

（2）质量第一

师资配备的第一关就是把好入口，确保德才兼备的合格教师进入远程教育的教师队伍。对于已进入的教师，则要重视对他们的培养培训，注重对他们在教学实践中进行锻炼和考察，不断地提高教师的素质和教育教学水平以及科学研究水平，以确保远程教育师资队伍的质量。

4. 稳定与调整相结合原则

保证和提高远程教育教学质量，发展远程教育事业，没有一支相对稳定的教师队伍是不行的。对于远程教育来说，不仅需要有稳定的、精良的专职教师队伍，还应有计划、有组织地建立一支相对稳定的兼职教师队伍。把那些具有较高学术水平和丰富教学经验、热爱和熟悉远程教育的各行各业的优秀人才聘请进来组成相对稳定的兼职教师队伍。

远程教育的师资队伍从总体上来看，是动态的、发展变化的，必须结合实际和发展趋势，以“需要和可能”的原则有计划地进行充实和更新，培养和培训，以确保远程教育师资队伍具有合理的梯队结构和教育教学活力。

（四）教师团队的能力要求

1. 思维能力

思维是人脑对客观事物的反映，是人们认识活动的高级阶段。思维能力是对事物的分析与综合、抽象与概括、推理与判断的能力。其功能是在判断、推理中实现对外界事物发展变化的本质认识和把握。在认识问题、解决问题、创造发明和教学科研活动中起着核心作用。因此，思维能力是教师必有的基本能力。

2. 创新能力

创新能力是指对已有知识和经验进行科学的加工和创造，从而产生新知识、新思想、新概念和新方法，建立新理论，提出新论断，做出新成绩的能力。作为育人育才的教师必须具备一定的创新能力，为塑造未来的教育，培养未来的人才，发展未来的教育事业服务。

3. 研究能力

远程教育的教师必须提高自身的科学研究能力，重点是提高对远程教育的研究能力和对本学科的研究能力。

我国的远程教育发展迅速，从函授教育到广播电视教育再到网络教育，远程教育发展与普及的速度越来越快。但是，远程教育的理论研究明显滞后于远程教育的实践。远程教育的教师应当自觉地成为研究者，对自己的教育行动经常自觉地进行反思、研究和改进；应当克服浮躁的心态和浅尝辄止的风气，扎扎实实地深入研究远程教育实践中遇到的问题。对远程教育的基本概念、基本原则、发展历史的一般性研究固然不可或缺，但更为重要的是要深入研究远程教育的具体组织形式、教学模式、管理模式、教学过程、教学效果、运行机制、评估机制，从中探索出远程教育的基本规律。

另外，还应当加强对远程教育的学习者、远程教育的未来发展趋势、远程教育的研究方法和效果、远程教育文化等方面的研究。对远程教育的研究一要注意理论与实践紧密结合，提高选题的针对性与实用性。二要处理好借鉴与创新的关系。借鉴世界各国远程教育的实践经验和理论成果来丰富我们的认识是必要的，但借鉴不是照搬照抄，应本着“洋为中用”的原则，在借鉴的基础上勇于创新。三要注意宏观研究和微观研究相结合。开展远程教育的宏观研究，不是空对空地研究大而全的课题，而是要研究远程教育内在的、本质的、普遍的规律，研究远程教育在整个教育体系中的地位、作用和特征，尤其是要研究远程教育在国民终身教育体系中的地位和作用。但是，只进行宏观研究是不够的，还应当研究远程教育各种要素的功能和作用、相互间的关系，以及各个环节的功能、作用及其特征。只有把远程教育的宏观研究和微观研究结合起来，远程教育的研究才会既有广度又有深度，既有理论性又有实用性，既有影响力又有说服力，才能指导和推动远程教育的实践活动。

毫无疑问，远程教育的教师也应该加强对本学科的研究。形势在发展，情况在变化，无论是传统学科还是新兴学科，新情况、新问题层出不穷。远程教育的教师应当密切关注学科发展，紧跟前沿，在研究中学习，在学习中研究；把自己最新的学习心得和研究成果奉献出来，为广大远程学习者提供优质服务。

4. 表达能力

教师的职业，要求教师具有较高水平的语言表达、文字表达和行为表达能力。教师要不断地提高自己的语言知识修养和文字归纳、整理和书写技能；不断地提高编制文字教材和辅导资料、编制音像教材和教学课件乃至著书立说的能力。

（五）教师团队的发展措施

1. 提高认识

认识是行动的先导。远程教育管理者只有充分认识到教师教育与发展的重要性、必要性和战略意义，才会真正重视远程教育教师的教育与发展，才会有相应的政策、制度和措施出台，出台后的政策、制度和措施也才能落到实处。有远见的领导者，应当高度重视教师的教育与发展，领导班子应当将其列入议事日程，定期研究教师的教育与发展。班子内应该有专人负责这项工作，并且安排专门机构和人员切实抓好这项工作。只有提高认识，加强领导，教师的教育与发展才会见到成效。

2. 制定规划

对于教师的教育与发展，远程教育管理者应当制定科学的规划，既有近期安排，又有中长期打算。要从远程教育发展的总体需要出发，既考虑当前的工作需要，又着眼于长远的发展战略；既考虑整体的事业发展，又兼顾个人的全面发展，适度超前，统筹规划；应当坚持业余培训与脱产进修相结合，以业余培训为主，脱产进修为辅。远程教育系统层级较多，各层级都有教师教育与发展的任务，应当以本级培训为主，上级培训为辅；应当采取“请进来”与“送出去”相结合的方式，邀请国内外知名的远程教育专家和其他学科专家经常性地举办学术讲座和专题演讲，营造学术氛围，弘扬研究风气，开阔教师视野，启迪教师思路，提高教师素质。有计划地、分期分批地选送一定数量的有培养前途的中青年教师到国内外著名高等学校和远程教育研究机构脱产进修，也是十分必要的。应当充分发挥远程教育自身技术手段和媒体的优势，线上与线下相结合，纸质媒体与电子媒体相结合，多形式、多渠道地积极开展教师教育。

3. 落实经费

远程教育教师的教育与发展，必须具有经费保证。有了良好的规划，如果缺乏经费，也只能是一纸空文。为了保证教师教育与发展的规划得以实现，领导者必须在整个远程教育的经费预算中，安排一定比例的经费用于教师教育与发展。这种预算安排不应随领导人的更替而变动，应当以制度的形式确定下来。如果无制度保证，随领导人的好恶和重视程度的不同而改变，经费容易落空，规划也就难以实现。

4. 保证时间

保证时间有两层含义。一是远程教育的管理者在整体工作安排中，要给教师留出参加培训和研修的时间，日常的教学和教学管理工作不可安排得过于饱满。没有一定的时间保证，教师能力的提高和发展无法实现。二是作为教师个人，要发扬“钉子”精神，千方百计挤时间，勤奋学习和钻研，努力提高自身能力和素质。须知时间对每一个人来讲都是常数，若不科学合理地进行安排，让其一分一秒地悄悄溜走，最终将一事无成。组织上创造一定的环境和条件是重要且必要的，但能否实现自身的提高和发展，从根本上讲，还是要靠教师自身的努力。

5. 精选内容

学海无涯，学无止境。人的经历与时间毕竟是有限的，知识的海洋浩瀚无边，能力与素质的提高也是纵横向比较相对而言的。从远程教育管理者的角度讲，应当根据事业发展的需要和教师队伍的实际状况，有针对性地精心选择和安排教师进修和培训的内容。从事远程教育的教师，基本上都是接受过传统面授高等教育的人，绝大多数都具有本学科扎实的理论功底，需要补充的是本学科的发展动态和趋势、发现的新问题和解决问题的新方法等方面的知识与信息；需要补充的是远程教育的新理念、新动向、新技术、新方法；一言以蔽之，需要的是具有深度、广度与创新的内容。一般的、普通的、泛泛的内容，只能浪费教师们的时间。从教师个人的角度讲，应当根据自身情况，需啥学啥、缺啥补啥，不断充实和完善自己。

6. 评价与考核

教师评价与教师考核都是指对教师的工作状态和工作成就做出判断和评定的过程。但是，二者的目标取向略有区别。教师评价的目标一般指向教师工作的改进与提高，而教师考核的目标则往往指向教师的去留升降。比较而言，教师评价的目标取向视野较为开阔，教师考核的目标取向视野相对狭窄一些。

与教师评价相比，教师考核容易走入过分强调约束、限制的误区。这不是说要贬低教师考核的重要性，更不是要取消教师考核工作，其意在强调远程教育管理者应当十分注意不要走入“为管而管”，过分强调约束和限制的误区。在教师考核工作中，考核标准的制定是十分重要的环节。

奖惩分明是应该的，也是必要的，但是应当以奖励为主，惩罚为辅。不能把严格考核简单化为制定出一整套详而又详、细而又细的“扣”与“罚”细则，动辄扣多少钱，罚多少款。更不能形成“提心吊胆过日子”的工作环境，使教师们产生抵制考核的心理，压抑教师的积极性。须知任何管理措施，最终都是为了调动人的积极性，让人们心情舒畅地生活、学习和工作，都是为了让人获得自由全面的发展。对于教师的管理，尤其应当如此。

三、管理团队建设

（一）管理团队概述

远程教育依托现代科学技术把教育教学信息送到千里之外，大有争夺普天下之势之力。这是其他教育难以比拟的，因为既有其科学性和高效性，又有其复杂性和艰巨性。对从事远程教育的人员的要求也是其他教育难以比拟的，又高又严又活。这支队伍由四个方面构成：教师、科研、技术和管理队伍。其中，起主导作用的是教师队伍和管理队伍。

管理是一门科学、一门艺术，是中外各界和各行各业都特别重视的一门有关事业成败的关键环节和前沿阵地。若没有管理，整个世界将难以想象。由此可见，管理之重要。

为了适应和推进现代远程教育的普及和发展，必须建设一支精干高效的远程教育管理队伍。

远程教育活力的根本意义在于持续不断地开发人力资源。这既是远程教育管理本身的职能要求，也是远程教育生命活力之所在。所谓远程教育人力资源开发，是指以政策为导向，以学习启迪为基础，以创新为动力，持续不断地发掘和提高全员的能力，进而形成群体合力，以提高整体效能的管理活动。

一所学校的人力资源是否得到全面开发，每个人的潜能是否得到发掘和发挥，不仅关系到个体的发挥和发展，而且也必然影响到学校整体效能的大小和学校未来的发展状况。因此，管理的核心任务就是持续不断地开发人力资源，增强整体的活力。

（二）管理团队的能力要求

1. 决策和判断能力

在远程教育管理中，常常会接收到来自各方面的信息和遇到各方面的问题。对此，管理者要有敏锐的感觉，善于对这些信息进行分析研究、加工整理、综合概括，形成新的见解和判断并及时做出决策，及时地引导人们健康有序地开展工作。

2. 组织协调能力

在实际工作中，要正确地解决专业分工和专业综合性之间的矛盾，解决人员之间由于思想观念、工作差异和思维方式的不同而引发的矛盾。尤其是许多问题的分析判断与解决，需要多学科、多方面的力量协同攻关。管理者既要注重发挥个人的创新精神和积极性，又要能够围绕总体目标进行有效的协同工作。

管理者不仅要做好内部的组织协调工作，还要积极地做好外界相关部门、相关人员的协调工作，以确保各项工作的良性运转和顺利进行。

3. 开发人才的能力

远程教育人才是远程教育发展的基础。远程教育管理领导人员应知人善任，善于发现人才、培养人才、应用人才，大力开发人才资源，爱才惜才，使其下属心情舒畅地积极工作，以推动远程教育事业的发展。

4. 创新能力

现代远程教育是一种新兴的现代化教育事业，任重而道远。远程教育管理者应具有很强的创新精神、丰富的想象力和一定的创新能力。有了这种精神和能力，才有可能勇敢地扫除因循守旧的习气和管理过程中的种种障碍。处于领导岗位的管理者，更需要培养创新精神和创新能力。这样不仅有利于管理工作的创新，从而进行优质高效的管理；而且有利于鉴别与赏识下属人员的创新才能，了解创新劳动中遇到或可能遇到的困难和问题，进而采取有力措施克服困难，解决遇到的问题，创造一个创新攻关的有利环境和氛围。

（三）管理团队的形象力量

一所学校的决策者是谁？是校长及其校长团队。今天的校长及其校长团队已区别于长期以来的“校行政领导”的传统概念。他们之间虽然具有一定的共性，但是其特性将日益突出。当今时代的学校决策者应懂得一条原则：“同思维者才能共同决策，共同决策者才有共同责任，有责任心者才能奋力工作。”决策者的力量在于利用自己的聪明才智把全员的积极性激发出来，激活他们的大脑，同自己共同思维、共同决策、共同行动。这样，才能产生巨大的力量，推动所从事的工作不断前进。

决策者要激活全员的大脑，首先要激活自己的大脑。把自己这条特大号“鲶鱼”投放到“沙丁”群里，发挥“鲶鱼效应”的作用。这种强大的活力就是决策者的聪明才智所产生的一种特定力量，也是一种令人置信的巨大力量。

有什么样的校长，就有什么样的学校。校长对于一所学校及其教职员工的影响是深刻而全面的。校长既是学校发展目标的制定者和总执行人，又是全校人员的带头人和示范者。因此，决策者的又一种巨大的特定力量，就是校长的形象力量。现代企业特别重视企业家的人格形象和“形象效应”，它们已成为企业的财富和企业兴衰的关键。作为以育人育才为己任的校长，其人格形象尤为重要，是全校人员和全体学生的凝聚力之源，成为学校宝贵的无形资产。尤其是，具有教育家精神和智能的远程教育的领导者更是一种稀缺的教育资源和人才。他不仅应受到全校人员的爱戴，而且也会受到广大社会公众的尊重。

就社会各界和广大公众来说，看一所学校看什么？主要看三条：一看校长的素质和水平；二看学生的质量和能力；三看学校的风气。这些都与校长及其校长团队的人格形象、领导才能和文化科学水平分不开。现代远程教育的决策者，应该是集知识、才能、人格形象于一身的优秀者和远程教育家。他们对内具有强大的感召力，对外具有很强的影响力，能把学校办成知名度和信誉度都较高的人人爱来、人人爱学的教育乐园和学习乐园。

第三节　远程教育教学团队的功能

一、研学、建学功能

远程教育的课程教学团队在学生入学前应该具备该两种功能。研学是指研究教学的内容和方法，对课程知识结构、学习内容进行研究，为建设适合远程教育的学习资源和发展相应的教学模式奠定一定基础；建学是指建设学习的各种资源，远程教育的学习资源是数字化、多媒体化、网络化、动态开放的资源，如文字教材、音像教材、CAI 课件、IP 课件、网络教材等，这就需要远程教育的教学团队具备较强的资源建设能力。这一点与普通高校的课程教学团队有所区别。普通高校的课程教学团队并不强调具有建学功能，原因为普通高校的学习资源过多依赖于文字教材，知识传递过多依赖于教师讲授，因此教师团队并不需要强大的“建学”功能。研学和建学所针对的目标是给学生提供更加完善的学习资源。

二、导学、助学功能

远程教育的课程教学团队在教学过程中应具备该两种功能。导学是指在学生自主学习的前提下，教师运用学与教的理论，结合现有的实际情况，提升学生的学习能力，巩固学生的学科基础，指导学生的学习方法，拓展学生的视野，对学生的学习进行综合性的指导、引导、辅导、疏导、督导等。导学的目的是帮助学生更好地学习。

导学更倾向于对学生的自主学习过程、学习方法进行指导和辅导，含有咨询的意义。导学有三项任务。

首先，给学生提供足够的学习资源和素材，引导和促进学生正确有效地利用资源开展学习。

其次，对学生的学习方法、学习态度、学习风格和学习内容进行个别指导，解答学生在学习过程中遇到的困惑及问题。

最后，对学生的学习过程进行整体的监控，对学习效果进行考核及评价。根据导学任务，课程教学团队中的教师分别承担不同的角色，每一角色负责完成一种或几种任务。

助学是指支持和帮助自主学习的学生，为其提供各种关于学习的支持服务，包括媒体支持服务、教学信息支持服务、面授辅导支持服务、学习交互支持服务、学生活动支持服务以及教学设施支持服务。导学和助学所针对的对象都是学生本人。

三、跟学、追学功能

远程教育的课程教学团队在学生毕业以后应发挥该两种功能。跟学是指学生毕业以后，在学生的工作和生活中，课程教学团队仍然可以起到继续提供其所需支持服务的作用，这其中既包括为学生继续学习的需求提供满足的条件，也包括对学生在工作和生活中遇到的与学习有关的实际问题进行一定的答疑、指导和帮助。跟学功能体现了终身学习的理念，是学习型社会中教育机构和教师功能的具体体现。跟学功能针对的对象是接受过高等教育，有一定职业经历和社会经历的社会人（非在校学生）和成年人。追学是指在课程教学内容发生变化时，如课程教学资源更新或学科出现新进展时，课程教学团队能及时将最新的课程信息提供给已结束学习的毕业学生，以保证其所传授知识的准确性和时效性。追学与跟学是建立终身学习社会过程中不可忽视的重要教育功能，也是未来课程教学团队要逐步发展与完善的方向。

参考文献

[1] 吴晓波.现代远程教育质量保证体系[M].长沙：湖南大学出版社，2010.

[2] 陈选文.云计算和现代远程教育[M].成都：电子科技大学出版社，2011.

[3] 曾祥跃.网络远程教育生态学[M].广州：中山大学出版社，2011.

[4] 黄新斌.远程教育的多向度研究[M].长沙：湖南大学出版社，2012.

[5] 伍尤发，陆芳，施旭英，等.现代远程教育学习概论[M].广州：华南理工大学出版社，2013.

[6] 冯晓英.远程教育中的专业课程体系开发[M].北京：国防工业出版社，2014.

[7] 王鑫.现代远程教育系统工程论[M].北京：线装书局，2015.

[8] 翁朱华.远程教育教师角色与素养研究[M].上海：复旦大学出版社，2015.

[9] 郑勤华.远程教育的经济问题[M].北京：中央广播电视大学出版社，2015.

[10] 张少刚.远程教育发展的理论与实践探究[M].北京：中央广播电视大学出版社，2015.

[11] 杨立军.现代远程教育研究：质量保证与风险防范[M].西安：西安交通大学出版社，2016.

[12] 王蕾.网络环境下的远程教育教学模式探究[J].才智，2017（29）：81.

[13] 李延娟.我国高校远程教育教学模式存在的问题及应对措施[J].北极光，2019（11）：161–162.

[14] 李伟闽，王迪，陈丽苹，等.我国现代远程教育的发展误区与定位厘清[J].成人教育，2019，39（12）：17–23.

[15] 成秀英.影响远程教育发展的因素及其应对策略[J].陕西广播电视大学学报，2019，21（03）：47–50.

[16] 商敏锋 . 新发展理念与我国现代远程教育融合发展的思考 [J]. 当代继续教育，2019，38（03）：37–41.
[17] 张婷 . 新基建环境下远程教育教学模式的变革 [J]. 天津电大学报，2020，24（03）：24–27.
[18] 姜姗 . 信息技术与远程教育教学的融合 [J]. 科学技术创新，2020（36）：123–124.
[19] 鲍赟力，孙雨 . 人工智能在远程教育领域的应用路径研究 [J]. 成人教育，2020，40（11）：13–16.
[20] 蒋丹 ."互联网 +"背景下现代远程教育存在的问题及对策研究 [J]. 中国管理信息化，2020，23（23）：218–221.
[21] 黄晓丽 . 高校现代远程教育模式的构建与实践 [J]. 计算机产品与流通，2020（08）：211.
[22] 任丽颖 . 新时代远程教育教师培养模式创新路径 [J]. 内蒙古电大学刊，2020（03）：23–26.
[23] 张辉 . 大数据环境背景下远程教育的策略与实践 [J]. 教育现代化，2020，7（13）：104–105.
[24] 余莎 ."互联网 +"时代远程教育的机遇和挑战 [J]. 信息记录材料，2020，21（02）：43–44.